LA FEMME

DU BANQUIER.

Histoire Contemporaine,

PAR

LA COMTESSE O*** DU ***,

Auteur des Mémoires et Révélations d'une femme de qualité sur Napoléon, Louis XVIII, Charles X et la cour de Louis-Philippe.

PARIS.

LACHAPELLE, ÉDITEUR,

RUE SAINT-JACQUES, N. 75.

M D CCC XXXII.

LA

FEMME DU BANQUIER.

IMPRIMERIE DE A. BARBIER,
RUE DES MARAIS S.-G., N. 17.

LA FEMME
Du Banquier

HISTOIRE CONTEMPORAINE.

PAR

*La Comtesse O*** du ***,*

Auteur des Mémoires et Révélations d'une femme de qualité sur Napoléon, Louis XVIII, Charles X et la cour de Louis-Philippe.

⁂

Où est l'égalité?
dans les productions de la nature.
— Non. — Chez les hommes? Moins encore.
— Tous la veulent pourtant? Oui, ascendante toujours: descendante jamais. On souhaite d'abaisser les grands jusques à soi; mais soi, se rapetisser au niveau de nos inférieurs? point.

L. L. L.

⁂

Tome Second.

PARIS.

LACHAPELLE, ÉDITEUR,
RUE SAINT-JACQUES, N. 75.

M D CCC XXXII.

LA

FEMME DU BANQUIER.

XVIII.

L'AMOUR EN PRÉSENCE DE L'AMOUR-PROPRE.

Si l'on juge l'amour par
la plupart de ses effets, il ressemble plus à la haine qu'à l'amitié.

LA ROCHEFOUCAULT.

Et Lucien rentra dans son appartement, ayant la figure altérée par la colère, les yeux ardens, et exprimant, par la contenance et la stupeur de son maintien, à quel point il était vivement irrité; ses d[illegible]x chiens favoris furent l'un et l'autre frappés dès l'abord; et avec cette sagacité particulière à leur race, ils se retirèrent à l'écart, si bien ils comprirent que ce n'était pas là le moment de jouer avec leur maître. Lomont, non moins intelligent, n'eut pas de peine non plus à deviner la présence d'un orage, il se décida intrépidement à en supporter les raffales, dans la certitude que cette résignation tournerait à son profit.

Lucien se promena pendant quelques minutes dans l'étendue de sa chambre, s'assit à plusieurs reprises dans divers fauteuils, se releva brusquement chaque fois, alla, revint encore recommençant avec dépit ce manége. Impatienté de voir Lomont debout devant lui, et lui ne cherchant qu'un prétexte à le gronder d'importance, il ne pouvait néanmoins se résoudre à rompre le silence, il souffrait par trop d'une peine morale, bien pénible à supporter, celle qui provient des blessures faites en même temps à l'amour et à l'amour-propre.

Le valet se dévoua avec un héroïsme de circonstance, car c'était s'exposer beaucoup que de parler le premier, et ainsi de provoquer une explication; il dit :

— Monsieur est malade?

— Pourquoi cette question, hypocrite, pourquoi ne pas dire franchement, monsieur a du chagrin ou de l'inquiétude, et je voudrais en connaître la cause, afin d'en retirer mon bénéfice accoutumé.

— Monsieur ne veut pas croire à l'affection désintéressée qu'on lui porte.

— Désintéressée, maître drôle, raie cela de tes papiers, tu vends et revends ton âme à la folle enchère, et tu voudrais parler de ta vertu.

— Dans la position de monsieur, répondit Lomont passant condamnation sur un reproche dont il avouait la justesse, je ne peux concevoir ce qui le tourmente; voilà *monseigneur* son père ministre, et par le temps qui court, et au moyen des primes, des spéculations, des adjudications et des jeux de Bourse dont les chances facneuses retombent sur des subalternes, certes on ne peut qu'augmenter sa fortune. Vous êtes toujours jeune, toujours aimable, vous allez épouser votre noble cousine...

La prestesse avec laquelle Lomont détourna sa tête, put seule lui faire éviter le large soufflet que lui destinait la main pleinement ouverte de son maître.

— Drôle, misérable bandit, s'écria celui-ci, auras-tu bien l'insolence de m'outrager en face! sors de devant mes yeux, si tu veux éviter que je t'écrase.

— Eh, mon Dieu! en quoi suis-je coupable, demanda Lomont dont toute la personne prit soudain la contenance la plus humble, par où ai-je pu vous manquer et vous déplaire en vous rappelant toutes les faveurs dont la fortune un jour doit vous combler.

— Par où.... par où.... reprit Lucien en frappant du pied... que le diable t'emporte! toi qui viens au milieu de ma pompe triomphale me présenter le linceuil de mort de Saladin.

Le jeune homme s'arrêtant, puis se plaçant vis-à-vis son laquais en croisant les mains sur sa poitrine:

— Tu as deviné juste, Lomont.... La vanité de ces gueux surpasse leur misère. Les Courtenai m'ont refusé ma cousine... Et je ne les en punirai pas! et je supporterai cette offense! Non, je la veux au prix de ma damnation éternelle.

— Nous tâcherons, monsieur, de vous la faire avoir à meilleur marché, répliqua Lomont... Est-ce possible?... Eh! bien, je vous ai prédit l'affaire; et cependant tout me disait qu'elle n'arriverait point.

— Oui, refusé, comme si j'étais un gredin, un polisson de la rue, une manière d'artiste ou de savant; que je fusse sans fortune, et mon père sans crédit, un noble ruiné, ou un avocat qui n'a pas encore mangé au ratelier de la chose publique. Qui s'y serait attendu?... Encore, si ma cousine m'était indifférente... ; si elle ne m'aimait pas !..

— Ceci serait le pire, repartit Lomont. Il vaut bien mieux qu'elle en tienne de vous ; car, avec cette avance, le reste viendra.

— Je donnerais deux millions pour l'épouser malgré sa famille.

La joie qui éclata dans les yeux de Lomont eut quelque peu de celle de Lucifer lorsqu'une âme l'appelle ; il se hâta de répondre :

— Si monsieur, reconnaissant l'étendue de l'attachement dévoué que je lui porte, voulait se confier à mes conseils et à mon zèle, je pourrais lui être de quelque secours ; car enfin monsieur n'est pas fait pour qu'on lui manque d'égards.

— Et que me ferais-tu faire ?

— D'abord, je demanderai à monsieur s'il tient davantage à épouser sa cousine qu'à se venger des Courtenai ?

— Autant l'un que l'autre, sire Lomont. Je voudrais la conduire à l'autel, à leur barbe, sans leur consentement, sans même les y appeler.

— Mais s'il fallait absolument choisir entre le mariage et leur humiliation ?

— Que je m'en venge ; et tout sera pour le mieux.

— Dès que j'ai carte blanche, reprit Lomont, en frottant ses mains l'une contre l'autre, je pourrai travailler en grand ; d'autant que madame votre mère nous aidera un peu.

— Ma mère est furieuse ; jamais on ne l'a blessée plus vivement ; et cela à l'heure où tout lui rit, où son importance s'accroît de la nouvelle position de mon père. D'ailleurs, tu sauras que la chère femme n'avait confié à l'avance mon mariage, si fort incertain pourtant, qu'à une douzaine de ses meilleures amies, qui en crevaient chacune de dépit, et qui, en apprenant sa rupture, étoufferont de rire encore plus sûrement.

— Ecoutez, monsieur : quand on a comme elle tant de mérite, on doit ressentir ces injures avec plus d'amertume; et celle-là est affreuse. Mais on a des remèdes aux maux les plus désespérés; nous en trouverons au vôtre. Je présume que votre cousine va sortir de l'hôtel ?

— Et c'est ce qui achève de me désespérer. Le vicomte d'Urtal, chargé de la demande et du refus, a dit à ma mère que la nomination de M. Saint-Olben devait naturellement ramener ma cousine auprès de son aïeule, attendu la ferme volonté des Courtenai de ne pas se rallier à la branche cadette. Si bien que, demain, jour de notre entrée au ministère, Hélène s'en retournera chez la marquise d'Aubeterre.

— Vous quitterez donc l'hôtel de votre famille; mais il est dix fois plus beau que celui du ministère.

— Pauvre sot! tu ne vois pas l'honneur d'être logé aux dépens de l'Etat; ignores-tu que pour six pieds carrés dans une maison royale, le plus ferme libéral quitterait un appartement gigantesque; et l'honneur de dire : Je loge chez le roi.

— Ainsi, monsieur, c'est comme auparavant?

— Sans doute; les hommes changent de position et non de caractère : il n'y a que moi que tout cela ne puisse éblouir. Quant aux républicains, mes camarades, tu les verras; comme ils seront contens de fréquenter une demeure d'excellence; et les chers amis me retrouveront toujours simple, toujours bienveillant à leur égard, m'attachant surtout à ne jamais faire ressortir la distance énorme qui nous séparera. Car, enfin, vois-tu, Lomont, le fils d'un ministre c'est un peu moins qu'un prince et un peu plus que tout le reste de la société. Je comprends déjà la nécessité de tenir mon rang. Je fixerai les heures où je recevrai mes amis. Ils sont très-familiers, ces jeunes gens; et je dois à mon père de ne rien permettre qui me fasse descendre de la hauteur où, grâce à lui, je serai placé dorénavant.

Lomont avait trop de malice pour ne pas être édifié de l'abnégation complète des grandeurs humaines manifestée avec tant de franchise par son maître; il lui plut de poursuivre ce chapitre.

— Et de la république, en faisons-nous ?

— C'est pour moi maintenant, répondit Lucien, une matière très-délicate; mes sentimens sont invariables, car je les fonde sur des principes, et les principes, vois-tu, c'est tous les *jeunes hommes*; mais j'ai des ménagemens à garder envers mes parens; d'abord *père et mère honoreras*, c'est la règle, puis envers les Courtenai : ils ne consentiraient jamais à s'allier à un admirateur de Marat et de Robespierre. Je serai d'ailleurs invité à tous les bals de la cour, et là, on ne peut paraître en habits ni gilets à grandes pointes, je me sacrifierai donc...... tu diras à...... de renouveler ma garde-robe, et ma défroque républicaine t'appartiendra. Je ne peux faire moins pour un roi si grand et pour tous les miens; mais je te le répète, mes principes mourront seulement avec moi.

Lomont en demeura convaincu d'autant plus qu'une telle manière de les manifester ne donnait pas grand'peine. Lucien, distrait un moment, revint au fait de son amour ; il exprima avec véhémence son dépit, son indignation. Le fils du ministre parlait plus haut que celui de l'ex-banquier Saint-Olben.

— A votre place et pour me consoler, dit le méchant valet, j'irais voir madame de Merseil; vous ne sauriez croire combien celle-là vous aime.

— Je la paie.

— Il est vrai, mais elle a un cœur.

— Dis des sens.

— Je prends l'un pour l'autre, car dans ce monde, où est l'amour pur? vous ne le trouverez pas auprès de votre cousine; l'avez-vous vue depuis que vous savez la fâcheuse nouvelle?

— Non, pas encore, elle est sortie avec ma sœur.

— Qui, sans doute, n'épousera pas non plus le prince de Courtenai.

— Trève de badinage: la fille d'un ministre choisit son mari.

Tenez, monsieur, voici ces demoiselles qui rentrent, allez à leur rencontre; le plus tôt en ce cas vaut le mieux, car les Courtenai peuvent être prompts à la reprendre. Je vous conseille de vous méfier toujours du baron Éleuthère: il a le coup-d'œil bon, la main ferme et la pensée prompte.

Lucien entendit à peine ces dernières paroles, et déjà était en route vers le salon; dès qu'il entra, sa sœur lui dit :

— Lucien, entretiens un instant Hélène dans sa gaîté de la matinée; elle a été si joyeuse, qu'il serait dommage qu'elle la perdît de sitôt; je vais enfermer les chiffons délicieux que nous venons d'acheter ensemble.

Et Athénaïs partit au même instant. Lucien alors s'approcha de mademoiselle de Courtenai, et d'un son de voix que son chagrin altérait, se mit à lui dire :

— Je voudrais, ma belle cousine, que la sympathie agît mieux sur vous qu'elle ne le fait en ce moment, car vous êtes heureuse lorsque je suis profondément malheureux.

Hélène, dont les yeux étaient abaissés sur le métier placé devant elle, les releva rapidement, et reconnut en effet que la physionomie de son parent n'était pas riante.

— Qu'avez-vous, dit-elle, tout ne se réunit donc plus pour votre bonheur?

— Je ne sais qui le remplacerait à l'instant où je viens de perdre le seul espoir qui me le promettait.

— Quand vous expliquerez-vous plus clairement...

— Je sens une répugnance funeste à traiter avec vous ce point important, et néanmoins faut-il vous l'apprendre : mes parens, charmés de me rendre le plus heureux des hommes, ont fait hier demander votre main à madame d'Armenseine...

Il s'arrêta; une vive teinte de carmin colora le front de la jeune fille, qui ramena lentement ses yeux sur son ouvrage.

— Et, ajouta Lucien avec effort, on nous l'a refusée.

L'aiguille échappa des doigts délicats d'Hélène; ce fut la réponse de celle-ci. Lucien, qui en attendait une autre, se mit à genoux sur un coussin de pied placé auprès de mademoiselle de Courtenai, et dit avec autant d'amertume que de chaleur :

— Que vous semble de cette réponse, aura-t-elle votre assentiment? vous paraîtrai-je aussi également indigne de votre alliance? n'y aurait-il pas en vous un regret à donner à mon amour?

Hélène ne répondit pas.

— Vous vous taisez ; vous avez le même orgueil que votre famille : la mienne vous semble indigne de votre alliance. Ah! pourquoi vous ai-je connue?

— Je peux aussi, repartit Hélène, m'adresser le même reproche, je voudrais n'être jamais venue dans cette maison.

— Et pourquoi en sortiriez-vous, répliqua Lucien transporté de l'aveu naïf renfermé dans ces paroles détournées, pourquoi ne demanderiez-vous pas aux vôtres leur consentement à une union que tous, hors eux, verraient avec plaisir.

— Moi, dit Hélène presque épouvantée, que j'aille contre la volonté de ma grand'-mère ; y pensez-vous, Lucien ?

— Il vous sera donc indifférent d'assurer mon désespoir, d'épouser le premier venu ?

— Cela est de l'injustice, je vous préfère à titre de parent...

— Et pas à d'autre ?

— Que vous êtes avide, contentez-vous de ce que je peux dire, et n'exigez pas au-delà.

Mais ne feriez-vous rien de plus pour moi ?

— J'attendrai.

— On vous forcera.

— A renoncer à vous, ce serait affreux, ce peut être possible; mais à m'obliger à en préférer un autre, je ne le crois pas.

— Et moi qui fondais ma félicité sur une union si douce, qui pensais présenter à tout Paris ma femme, mon idole...

— Des châteaux en Espagne ne sont pas des réalités.

— Je les bâtirai sur un fondement solide; promettez seulement de ne jamais m'oublier.

— Je le peux, car on n'a de pouvoir que sur mes actes. Ah! Lucien, j'aurais dû rester dans mon vieux château.

La conversation continua sur le même ton. Mademoiselle de Courtenai, trop naïve et mal servie par cette ignorance du monde que l'on regarde trop souvent comme une sauve-garde, ne comprit pas le danger de parler d'amour avec son cousin-germain; elle s'abandonna au charme que les entretiens de ce genre ont pour celles de son âge, et le fit avec d'autant moins de réserve, qu'elle comprit que ce serait sans doute pour la dernière fois peut-être ; que si la famille avait, avant de rendre une réponse défavorable, retiré celle qui en était l'objet de la maison de sa tante, on aurait évité ce qui s'ensuivit. Mais les plus sages pêchent toujours par imprévoyance; on ne voit pas d'un seul coup d'œil tout ce qu'on doit faire, et c'est ce qui amène la non-réussite de presque toutes les entreprises humaines.

Les deux amans (ils l'étaient déjà) causaient encore avec la chaleur d'une première passion qui se développe, lorsque madame Saint-Olben arriva, froide, gourmée, boudeuse, hautaine, fière du ministère de son mari, et humiliée du refus des Courtenai, se trouvant tout à la fois au comble de ses pensées ambitieuses, et remise à sa place primitive par le dédain qu'une famille faisait des mille avantages de la fortune, cherchant à qui s'en prendre, et voulant néanmoins ménager ses adversaires, car son amour-propre serait trop exposé si la nouvelle d'un refus de leur part se répandait dans la société.

Eh bien! Hélène, dit-elle, nous avons de grandes excuses à vous faire, notre audace a été bien grande lorsqu'elle est montée jusques à s'imaginer que la fille de ma sœur pouvait devenir la femme de mon fils. J'avais eu cette pensée coupable; je vous ai fait demander en mariage, et cela au moment précis où les vertus, les qualités brillantes et le patriotisme de M. Saint-Olben viennent de lui procurer un ministère... Oh! comme on nous a repoussés avec perte, nous et nos millions.

Hélène prit la main de sa tante, et la baisa tendrement.

— Ma chère nièce, partagez-vous l'orgueil de votre caste? Lucien vous déplaît-il donc tant?

— Je l'aime de tout mon cœur, dit la

jeune fille encore exaltée par la conversation de tantôt.

— Voilà comme il m'est agréable de vous trouver, répliqua la financière en l'embrassant à plusieurs reprises; vous avez plus d'esprit que votre famille, vous comprenez que dans l'époque présente ces distinctions odieuses de rang ne sont plus de saison...... mais espérez de notre amitié : je suis décidée à ne point m'arrêter à une seule démarche, présumant qu'on reviendra d'un refus hasardé, et tout au moins irréfléchi. C'est une chose inconcevable que la réponse de la marquise : nous faire un crime de notre attachement à la cause du bon roi qui nous gouverne, de cet excellent prince qui a remis chaque chose à sa place, et surtout M. de Saint-Olben à la sienne...... C'est, au reste, ma chère enfant, un acte dangereux, car si on le taxait de carlisme, si on voyait dans leur dédain les symptômes d'une vaste conspiration.....

— Madame! s'écria Hélène plus qu'étonnée.

— Oui, on doit se méfier des gens au temps où nous sommes, nous avons tant de liberté qu'il est nécessaire de tenir les prisons pleines; quant à moi, j'aime tellement la patrie, que je conseillerai toujours à mon mari les mesures sévères et surtout propres à empêcher la canaille de s'élever: il faut que les principes monarchiques reprennent toute leur vigueur, maintenant que le roi, par la dernière composition du ministère, a fermé sans retour l'abîme des révolutions et de l'anarchie.

C'était sans rire que madame Saint-Olben s'exprimait ainsi, il y en a tant qui à sa place feraient de même; elle se maintenait dans sa dignité un peu ramassée, et d'une main elle caressait les joues de sa nièce, lorsque de l'autre elle touchait dans celle de son fils. Son affection leur assura à l'un et à l'autre que tout irait pour le mieux.

Lucien partit moins tourmenté, et mademoiselle de Courtenai s'en fut rejoindre Athénaïs dans leur appartement particulier.

XIX.

DE QUELLE MANIÈRE ON PORTE LE CŒUR AU MAL.

On sème facilement le vice
dans une terre en friche de la vertu.
Reflets de la sagesse.

Mademoiselle ou plutôt madame Eugénine de Merseil achève de lire une lettre que Lomont vient de lui adresser, lorsqu'elle entend sonner à la porte du nouvel appartement qu'elle occupe. La vivacité du petit carillon lui nomme qui survient; elle cache précipitamment la lettre sous le marbre d'un chiffonnier, et se met en position d'étudier une variation. On a ouvert... quelqu'un marche rapidement..... Lucien entre, il jette son chapeau sur le premier meuble venu, et agit en maître : il en a le droit...... mais les formes, que sont-elles devenues ? Voici la réponse : Il y a dans le monde deux classes, celle en qui la politesse est innée, celle à qui on l'apprend; la première ne la néglige jamais; la seconde ne s'en sert qu'à propos : c'est le type de l'une, c'est le manteau de l'autre; l'une ne soupçonne pas qu'elle soit inutile en aucune circonstance; l'autre a toujours hâte de s'en débarrasser, car c'est un poids qui la gêne. Lucien, par sa naissance, appartient à la dernière de ces deux classes, il a paru respecter Eugénine tant qu'il lui a fait la cour; mais, comme il a dit à Lomont, depuis qu'il paie... Or, un homme de commerce sait la valeur de l'argent, et pense, lorsqu'il en donne, que c'est un échange de toutes les autres qualités dont il n'a plus besoin.

Au demeurant, Eugénine est ainsi que lui. L'oisillon s'est pris à la glu; que lui importera dorénavant ses belles manières, et elle, pourquoi se maintiendra-t-elle dans cette réserve qu'elle a eue d'abord tant de peine à conserver. Aussi, ne se plaignant point de son abord familier, de ses façons sans cérémonie, elle se contente de lui dire :

— Tu es de mauvaise humeur, Lucien, et pourtant voilà ton père ministre.

— Et mon mariage anéanti pour fiche de retour.

—Que t'importe? étais-tu donc amoureux de ta cousine ?

— Comme on doit l'être d'elle, à la folie.

— Et de moi?

— Pas de badinage inutile, Eugénine, je ne suis pas en fantaisie de m'y porter; il est certain que si je n'épouse pas Hélène, je deviens le plus malheureux des hommes.

— Tu tiens donc bien au mariage, je croyais que c'était à ta cousine?

Lucien la regardant sans trop comprendre le sens de sa question :

— Oui, poursuivit la prostituée, il me semble qu'à ta place je me satisferais en punissant les Courtenai, puisqu'ils te font l'affront de te refuser.

— Ah ! si je pouvais y parvenir.

— Qui s'y oppose ?

— Quel moyen ?

— Est-ce à moi à te les indiquer, répliqua Eugénine ; es-tu si peu avancé dans la vie que de toi-même tu ne saches pas les trouver ; cela me surprendrait : tu es cependant aimable.

Et elle posa sur son front un baiser que Lucien lui rendit ; il lui en donna un second, l'enlaça dans ses bras, et, cachant à demi sa tête dans le sein de madame de Merseil, dit alors :

— Conseille-moi.

— Cœur faible, tu n'as pas la force de punir, quoique tu en possèdes l'envie, ou pour mieux dire tu n'es pas à la hauteur de tes pareils à l'époque ordinaire. Dis-moi, n'es-tu pas froissé douloureusement par l'orgueil superbe des Courtenai?

— Il me déchire l'âme.

— Eh bien! c'est à ton tour à les frapper dans ce qui te blesse; que t'importe au fond que ta maîtresse t'appartienne avant ou après le mariage : l'essentiel est que tu la possèdes et que tu sois vengé.

— Une action odieuse, répondit Lucien à voix basse et sans changer de position.

Eugénine s'apercevant qu'elle n'avait éveillé aucune fibre vertueuse, ne douta plus de la victoire.

— Un acte de colère, de rouerie, à la bonne heure. Combien tu aurais de plaisir à voir venir chez toi le baron de Courtenai te demander de rendre l'honneur à sa sœur; tu daignerais y consentir, et, dès ce moment le fer de la fierté de ces gens deviendrait un roseau souple.

— J'aime Hélène, et je ne repousserai rien de ce qui me la donnera pour femme.

— Capitulation de conscience, se dit à elle-même Eugénine; voilà un vaurien qui cherche à se duper et qui veut se forcer à croire qu'il se conduira mal à bonne intention.

Puis élevant la voix :

— On va sans doute reprendre la jeune fille?

— Oui, demain son aïeule viendra la chercher en cérémonie, car ces gens sont toujours en présence de l'étiquette.

— L'emmèneront-ils à Auxerre?

— Non pas encore : on veut bien la retirer de chez nous, mais on n'ose la séparer brusquement de sa famille maternelle.

— Il y a des domestiques où elle sera.

— Où manque cette espèce?

— Tu es riche.

— Tu le sais.

— Travaille par toi-même à égarer la tête de la haute princesse, et que Lomont prenne le soin de circonvenir ses alentours.

— Fais-je bien de t'écouter, Eugénine?

— Oui, si tu es un homme, mais si tu sors d'une capucinière.....

— Hélène est un ange.

— Toutes les femmes le sont à son âge.

— Elle ignore le vice, ne se méfie pas de moi.

— Aussi prendra-t-elle goût à l'un, en causant sans frayeur avec l'autre.

— Et si je la perds?

— Elle se réfugiera dans le mariage.

— Et si je me lasse d'elle auparavant?

— Tu la renverras en Basse-Bourgogne.

— Et si son cher frère se fâche et me tue?

— Poltron!

— Que la foudre m'écrase! s'écrie brusquement Lucien en se relevant de toute sa hauteur, si je te laisse le droit de m'adresser cette injure de nouveau; ah! mille mordienne, tous les Courtenai passés et présens, sans mettre à part les empereurs de Constantinople, ne m'empêcheront pas de rechercher ma cousine, n'importe par quel moyen.

— Il ferait beau voir vraiment, répliqua

Eugénine, un personnage de ton rang, un fils de ministre, un ami presque du prince royal, être repoussé comme un misérable prolétaire; on te sifflerait, on se moquerait de toi. Le bruit de ton mariage court déjà Paris, et quelle honte rejaillira sur toi, sur les tiens, de sa rupture, et pour cause de financerie, parce que, malgré ton entourage brillant, tu n'es au fond qu'un commerçant, un industriel, un noble de l'époque actuelle.

— Oui, je comprends à merveille que je dois agir avec fermeté...... ma cousine m'appartiendra, c'est certain... Le reste... eh bien! je m'en rapporte à la destinée.

—Une telle résolution, repartit Eugénine, t'élèvera haut dans l'estime du monde. On respectera la force de ton caractère: il n'y a que des hommes sans énergie dont on se moque, souviens-t-en bien.

A la suite de ces insinuations, Lucien s'enflamma davantage. Eugénine le piqua dans sa vanité, dans son amour; et comme c'était une de ces cires molles que la vertu n'affermit point parce qu'elle en est absente, il fut facile à la femme de mauvaise vie de le façonner à sa volonté.

Le lendemain était un jour solennel pour la famille Saint-Olben. Elle échangeait, contre les honneurs de l'hôtel du ministère, les agrémens et les commodités nombreuses qu'elle trouvait dans le sien; mais, en retour, on lui fournissait des honneurs, de l'importance, ces hochets si ardemment désirés par la philosophie libérale de nos jours. Le cœur palpitait à madame de Saint-Olben et à son mari, tout entiers à la pensée de ces huissiers à chaîne qui annonceraient dans les antichambres, de ces soldats en faction à la porte, de cette foule obséquieuse, vraie pyramide, composée de toutes les spécialités sociales, de ces hauts personnages se faisant petits devant eux, de ces hauts dignitaires, saturés de bassesse, et en leur présence l'encensoir à la main; et les distinctions personnelles; la première place partout, même à la cour, et les gracieusetés des princesses, et la familiarité si polie des princes; et en arrière de ceci, des richesses immenses qu'on décuplerait; car où s'arrête la boule de neige d'un ministre patriote, qui fait hausser ou baisser à volonté les effets publics.

Et on refusait à ces gens-là une Courtenai pour leur fils! et l'orgueil de caste ne cédait point aux avantages de la position! et il y avait des âmes qu'on ne pouvait éblouir!...

Il y a dans le cœur humain d'étranges vers qui le rongent : supplice bizarre, inexplicable, et dont la Providence a proportionné la petitesse à la grandeur gigantesque de notre fortune : c'est un abîme où se perd la contemplation.

Ce jour si ardemment attendu était le même où Hélène quitterait sa tante; il y avait dans ce rapprochement quelque chose de si pénible, que madame Saint-Olben ne pouvait s'y accoutumer; elle en doutait encore au moment où l'on annonça la marquise d'Armenseine et le comte de Lombel. A ces noms, un nuage sombre couvrit son front, ses lèvres se serrèrent et sa raison eut fort à faire pour comprimer le dépit qui la dominait.

La vieille dame sortait peu; elle aimait le repos de sa chambre; son âge d'ailleurs lui en faisait presque une nécessité, elle songeait à peine à sa parure: une simplicité honorable en faisait tous les frais, et pourtant lorsqu'appuyée sur le bras de son fils elle traversa l'enfilade de salles qui précédaient la pièce où madame Saint-Olben se trouvait alors, il n'y eut pas un habitant de l'hôtel, commis ou domestique, assez niais pour ne pas reconnaître le rang que celle-là tenait dans le monde, bien que d'ailleurs on ne sût pas son nom; aussi chacun se tint devant elle dans une immobilité respectueuse, même, le grand chasseur et le valet de chambre favori, occupés tous les deux à une partie d'impériale.

La maîtresse de la maison, vivement blessée, s'était promis de se maintenir dans la ligne que sa dignité présente lui traçait, et de montrer aux Courtenai, moins par ses propos que par ses manières, ce qu'elle était maintenant et ce qu'on perdait en ne s'alliant pas avec elle; mais il y a un malheur particulier qui, dans ce monde, s'attache toujours aux projets formés par la vanité seule dans l'intérêt de son orgueil; jamais ils ne réussissent lorsqu'ils ont à combattre les sentimens véritablement relevés, c'est ce qui arriva dans cette circonstance. Les deux Courtenai se présentèrent avec une si parfaite bonhomie, avec si peu de solennité, que madame Saint-Olben, désappointée, sentit peu à peu son étalage de grandeur s'effacer, disparaître et céder à celui bien plus naturel des Courtenai.

La vieille marquise la complimenta sincèrement, sans aucune réticence, sur la nomination de son mari, y mit de l'affection et de l'intérêt. Le comte de Lombel fut si dégagé de morgue, si gracieux dans ses propos, l'un et l'autre enfin si peu embarrassés du refus de la veille, que ce que madame Saint-Olben eut de mieux à faire, fut de se placer dans la même marche; elle avait assez de tact pour comprendre combien la bouderie superbe formerait de disparate, et par conséquent serait inconvenante. Son dessein manqua totalement dans l'exécution; et bien que femme de ministre, elle se trouva simple femme de banquier, en présence d'un antique rameau de la famille royale de France.

— Je viens avec regret vous enlever ma petite-fille, dit enfin madame d'Armenseine, j'en éprouve une vraie honte; mais, madame, nous sommes posés dans le monde de telle sorte, que nous ne pouvons agir à notre gré. Les égards dus d'ailleurs à la plus haute des infortunes, et aux revers des chefs augustes de notre maison, nous interdisent tout ce qui ressemblerait à un rapprochement, même indirect, avec la branche qui occupe aujourd'hui le trône. Vous savez que le baron de

Courtenai n'a pas cru devoir la servir de son épée, et lorsqu'il se refuse à paraître à la cour nouvelle, sa sœur ne pourrait se laisser voir aux princes ses parens ailleurs que dans leur propre palais.

— Ce sont, madame, répliqua la financière, des préjugés peut-être, mais au fond très-respectables. Je regrette Hélène, car on ne peut la voir sans l'aimer. Je me flatte, lorsque je vous la rends, que ce ne sera point pour la perdre sans retour.

— Et qui vous la fera perdre? reprit la marquise; notre départ, sans doute, mais rien avant ce moment. Votre nièce restera toujours à vos ordres; et chaque fois qu'il vous plaira de la réclamer, ou son oncle ou son frère s'honoreront de la conduire auprès de vous.

— Il m'eût été plus doux encore, répondit madame Saint-Olben, encouragée par ces manières parfaites d'obligeance, de ne plus vous la rendre, et de me perpétuer dans le droit de ma sœur.

— C'est un enlèvement, lui fut-il répliqué, contre lequel nous n'aurions eu aucune défense si les événemens politiques ne fussent venus à notre secours, et soyez-en d'ailleurs très-persuadée, madame; mais je n'ai jamais eu le projet de me séparer d'Hélène avant sa vingtième année, et il me serait pénible de la voir auprès d'une cour... Je ne peux continuer mon radotage; je suis vieille, je tiens à des principes d'autrefois, à des opinions professées pendant toute ma longue vie... Si vous pouviez vous mettre à ma place, certainement vous ne m'en voudriez pas.

Le comte de Lombel vint au secours de sa mère, en demandant Hélène. Madame Saint-Olben comprit le sens de ce désir; elle sonne, et fait dire à mademoiselle de Courtenai que l'on n'attendait plus qu'après elle. Bientôt après, Hélène arriva accompagnée d'Athénaïs et de Georges, le Klephte. Ce jeune garçon, rayonnant à la pensée que sa belle amie allait sortir avec lui d'une maison dont tous les usages lui déplaisaient, et en songeant surtout que Lucien ne serait pas sans cesse heureux de manière à le désespérer, il se hâta, dès son entrée dans le salon, d'aller baiser la robe de la marquise, et de sourire au comte de Lombel avec autant de naïveté que de contentement.

Hélène remercia sa tante, et fut verser dans ses bras, en la quittant, des larmes dont ses proches ne s'alarmèrent point, car ils n'en soupçonnèrent pas la cause. Elle fit ses adieux à sa cousine, la chargea de ses complimens pour Lucien, et s'éloigna très-affectée, bien qu'elle tâchât de déguiser son chagrin sous un extérieur indifférent. Elle trouva, en arrivant à l'hôtel d'Angleterre avec les caisses renfermant sa garde-robe, des présens magnifiques d'étoffes et de bijoux, avec un billet de sa tante conçu en ces termes :

« Mon enfant, en me flattant trop j'avais acheté à l'avance ces bagatelles, nulle autre que vous ne peut les porter; recevez-les de mon amitié constante. Adieu, votre bonne tante.

SAINT-OLBEN. »

Le cœur d'Hélène palpita, et aussitôt elle courut apprendre à ses parens la politesse de sa tante de Courtenai. Ils décidèrent qu'on ne pourrait renvoyer ces présens sans faire injure à celle dont Hélène les tenait, qu'ils seraient acceptés; mais qu'à part les mousselines, la jeune fille n'en prendrait rien pour enrichir les costumes simples que jusque-là elle avait toujours vêtu.

Pendant le temps que la marquise d'Armenseine et le comte de Lombel étaient restés avec madame Saint-Olben, mademoiselle Thérèse Moline avait demeuré dans le carrosse de sa maîtresse à attendre commodément son retour. Peu de minutes s'écoulèrent avant celle où elle fut abordée par un homme vêtu en laquais de bonne maison, qui, mettant la tête à la portière dont la glace était baissée, lui dit :

— Mademoiselle Moline me permettra bien de lui présenter l'hommage de mon respect, et de lui demander en même temps une solution très-importante.

— Qui donc êtes-vous, répliqua la vieille camariste, pour savoir mon nom à Paris, où, certes, il est connu de peu de gens?

— Je suis un de vos compatriotes, un mauvais sujet, mais cela ne fait rien à l'affaire ; et quelque folie que Jacques Lomont ait pu commettre, il n'en est pas moins votre très-humble serviteur.

— Comment, Lomont, c'est vous? Je vous croyais pendu à l'heure présente. Et d'où sortez-vous, pauvre garnement?

— De l'hôtel que voici ; et ce soir je coucherai dans un ministère, à la suite de mon jeune maître, Lucien Saint-Olben.

— Dites M. Lucien. Il convient de savoir le respect dû à ceux dont nous mangeons le pain. Et vous êtes là en façon d'honnête homme?

— A peu près; j'ai goûté de tout, et,

comme vous avez dit, presque de la corde. J'en ai recueilli la fantaisie de vivre sage : c'est un travers tout comme un autre ; il me réussit bien.

— Que Dieu vous y maintienne ! Je ne sais s'il le fera ; car un jour, avec votre bonne tante, que vous avez fait mourir de chagrin, nous tirâmes ensemble, à votre intention, les cartes sept fois ; elles nous chantèrent que vous mourriez de mort violente.

— Est-ce possible ? dit Lomont en pâlissant. Mais, demoiselle Moline, car c'est ainsi que l'on vous titre aux environs d'Auxerre, ne vous est-il jamais venu à l'idée de faire le jeu pour connaître comment mademoiselle Hélène serait mariée ?

— C'est bien à moi qu'il faut demander pareille chose ! Hier encore j'arrangeais les paquets : ils disent aussi, et depuis deux mois, qu'elle s'établira richement à Paris.

— Et hier encore elles avaient raison en apparence ; mais d'hier au soir elles ont menti en réalité.

— Est-ce que votre maître ne se soucierait plus d'une dame de Courtenai? dit la vieille Moline avec une sorte d'indignation.

— Il faudrait, repartit Lomont, en donnant à sa physionomie une forte teinte d'hypocrisie, que sa cervelle eût fait plein divorce avec le bon sens. Grâce à Dieu ! elle n'est pas en écharpe. Cependant le mariage prédit par les cartes n'aura pas lieu; car, hier matin, madame la marquise a refusé à M. Lucien la main de sa petite-fille ; c'est un grand malheur, et voilà que les cartes auront tort.

— Gardez-vous de penser ainsi; vous feriez un vrai péché, Jacques Lomont. Les cartes ne me tromperont ni se tromperont. Elles ont annoncé ces épousailles; il faut que ces épousailles aient lieu. Mais, bonté divine! où sommes-nous? On me cache quelque chose dans la maison de Courtenai, moi qui, depuis trois cents ans, suis dans la famille, de père en fils : et vous savez tout cela, Lomont.

— Oui, mademoiselle, et encore forces choses avec que je vous conterais si j'osais aller vous rendre mes devoirs; mais j'ai peur du baron Éleuthère.

— Il est sûr qu'il vous veut peu de bien : cependant, si vous étiez animé d'un bon désir d'aider les cartes... Quelle solution importante vouliez-vous tout dès l'abord obtenir de moi ?

— Hélas ! mademoiselle, celle qui nous occupe, car moi aussi, de temps en temps, je fais les jeux, et j'avais trouvé pareillement ce mariage.

— Il aura lieu, Lomont, puisque nos coupes se sont rencontrées pareilles. Écoutez-moi. Il faut faire son devoir... Vous craignez M. le baron, notre prince; eh bien ! chaque matin il sort dès huit heures, et ne rentre que pour le déjeûner de madame la marquise. Jamais, d'ailleurs, il ne vient dans ma chambre, et le suisse de l'hôtel d'Aubeterre vous y fera monter par un petit escalier placé tout auprès de sa loge.

— Et, certes, j'en profiterai, demoiselle Moline. Il serait si désirable que les cartes eussent raison; cela fermerait la bouche à de bien mauvaises langues, qui prétendent extravagance pure la science sacrée du tarot.

— Ce sont des impies, Jacques Lomont; et il m'est prouvé que vous êtes en bonne voie de repentir, car vous portez du respect aux choses saintes. Ne manquez pas de venir me trouver chaque matin; nous verrons à agir de concert pour que les choses suivent leur marche convenable.

— Mon maître adore la jeune princesse.

— En d'autres temps c'eût été folie; mais à l'heure présente, où tout est bouleversé.... D'ailleurs ils sont enfans de sœurs.

Demoiselle Moline s'arrêta, cligna les yeux et parut méditer. Le polisson Lomont en profita pour s'amuser à lui faire une grimace ; mais, dès qu'elle rouvrit la paupière, il la salua cafardement, et partit, enchanté du parti qu'il avait tiré pour son intrigue de la crédulité de cette antique duègne.

XVIII.

LES GRANDES DAMES DU JOUR.

Si nous n'avions pas d'orgueil,
nous ne nous plaindrions pas de celui des autres.

La Rochefoucault.

— Eh bien ! mon cher vicomte, n'en parlons plus. On verra à s'arranger de manière à trouver une femme honorable pour ce pauvre Lucien. La position de son excellence n'est pas si mauvaise que mon fils ne puisse en profiter.

— En effet, on va à tout lorsque l'on a pour

père un ministre; on va même jusqu'à la pairie quand le ministre n'est que l'ami de la maison.

— Malicieux personnage, vous ne cesserez de dauber les autres! vous ne respectez rien de l'époque présente.

— Désignez-moi ce qu'elle a respecté de la mienne, et alors je me tairai.

— On commence un gouvernement, un système, et alors il faudrait, en approuvant tout, ne pas entraver la machine administrative. Son excellence...

— En quelle année, ou pour mieux dire, sous quel règne sommes-nous, ma chère amie?

— Mais sous celui de Louis-Philippe, roi des Français, répondit au vicomte d'Urtal madame Saint-Olben un peu embarrassée; car elle devinait que cette question n'était autre qu'une épigramme détournée. Aussi, prenant bravement son parti:

— Êtes-vous, continua-t-elle, êtes-vous devenu tout à coup de ces gens de rien qui ne sont pas en place, de ces républicains hargneux de ce qu'on ne leur a pas donné un os à ronger, qui veulent nous ramener au sansculotisme en ne permettant aucun titre, aucune qualification honorifique? Est-il convenable qu'un ministre qui épuise sa vie, qui se ruine au service de son pays, ne soit récompensé par un de ces mots dont le son est si doux à l'oreille? Là, répondez-moi franchement et pour une toute petite excellence...

— Oui, pour un *monseigneur*, *votre seigneurie*, ou toute autre sucrerie de ce genre... Eh morbleu! madame, si ces choses vous plaisent tant, pourquoi vous étaient-elles insupportables lorsqu'il fallait les accorder à d'autres?

— Vous allez recommencer cette vieille querelle, parce que nous avions soif d'ordre légal, d'égalité surtout, parce que vous autres étiez d'une hauteur insoutenable.

— Et vous autres, qu'êtes-vous? dites-le-moi à votre tour. Où sont ces grands travaux administratifs, cette longue étude de la diplomatie, cet amour désintéressé du bien public, auxquels il faut absolument des récompenses honorifiques... *Nous autres, vous autres*, mettez le pied où nous posâmes le nôtre, et voulez maintenant qu'on le trouve bon. Non, certes, il n'y aura plus ni *monseigneur*, ni le reste, à moins que l'ancien régime ne revienne et Henri V avec.

— C'est là du mouvement tout pur, de la pleine révolte, repartit madame Saint-Olben en soupirant. Vous rentrez dans les prétentions insensées des vils prolétaires et de la canaille des domestiques, la pire de tous, mon cher vicomte, puisqu'elle ne peut supporter la classification des rangs et le maintien des distinctions sociales; ces gens de néant, orgueilleux et rustres, qui viennent au château en épaulettes de laine, qui nous parlent là d'affaires, de banque et d'industrie, comme si nous nous mêlions de ces choses de peu d'importance. A votre place, et attendu que vous êtes un homme né et que vous avez de quoi vivre, je me rallierais franchement au pouvoir légitime... quasi-légitime... à celui du grand roi qui nous gouverne. Je tâcherais, ce qui, vu notre amitié, ne vous sera pas difficile, d'accrocher une bonne place bien rétribuée où il n'y ait rien à faire, une inspection de monumens gothiques, une charge de conseiller d'état. Là je me tiendrais tranquille et me garderais de faire de l'opposition, qui, cette année, sera, je crois, de mauvaise compagnie.

Le vicomte d'Urtal ne retint pas les éclats de sa gaîté; puis il dit :

— Grand merci du conseil, mais je suis pour la stabilité.

— Nous sommes inébranlables. Le talent de mon mari... vous verrez notre ministère; je vais lui donner une tout autre face : avant peu il ne sera pas reconnaissable.

— Sera-ce la distribution ou la décoration des appartemens que vous comptez changer?

demanda M. d'Urtal avec une bonhomie malicieuse.

La dame le regarda étonnée et confuse pour lui.

— Pensez-vous, riposta-t-elle, que je songe à ces futilités lorsque la patrie réclame tous mes soins? Il y a tant à faire, tant d'emplois à changer de titulaires, tant d'améliorations exigeant le coup-d'œil du maître! J'y veillerai, ayant déjà prévenu le ministre que je ne me mêlerai pas de son travail au château; mais qu'à part cela le reste de la besogne me regardera uniquement.

— J'en suis charmé; car je connais vos œuvres.

— Ah! monsieur, si madame la duchesse de Berri avait voulu...

Le vicomte, persistant toujours dans sa naïveté, qui ne valait rien, se mit à dire :

— Je ne vous cacherai pas qu'hier, parlant raison avec un homme dévoué de cœur aux princes de la branche aînée, je lui certifiais que le retour d'Henri V serait assuré, si on se décidait à conserver à la cour et dans les places publiques les personnes telles que vous.

Madame Saint-Olben rougit de plaisir puis dit :

— Mon cher ami, nous aimons la maison royale dans toutes ses branches.

— Même dans celle des Courtenai ?

— Oh ! celle-là est la plus fière. La sotte vanité ! la comprenez-vous ? Sommes-nous à des époques où il faille persister dans cette démarcation odieuse des rangs, dans cette morgue de naissance si déplacée ? Nous sommes tous égaux maintenant ; c'est un fait positif qu'on ne peut nier, et l'égalité est une vertu aussi belle que les autres.

Les Courtenai nous reviendront.

La conversation ici fut interrompue par la voix de l'huissier de la chambre annonçant une foule de femmes de l'ancienne roche et de la nouvelle, d'hommes titrés ou aspirant à l'être. Madame Saint-Olben mit assez peu d'art à nuancer l'accueil qu'elle fit à ces courtisans de l'un et de l'autre sexe : gracieuse avec les uns, haute et gourmée avec les autres, elle éleva à peu près à sa hauteur ceux qui consentaient à y descendre, et mit un peu plus bas que terre les honnêtes solliciteurs.

La femme d'un autre ministre arriva sur ces entrefaites : oh, pour celle-ci ! il n'y eut rien d'assez bon : on se baisa sur les deux joues, on y revint encore, on parla avec émotion ; le meilleur fauteuil fut donné ; puis toutes les deux, sans s'embarrasser du reste de la compagnie, se mirent à jaser en pleine intimité. Voici un échantillon de leur dialogue :

— Mon dieu ! ma chère dame, que je suis aise de votre entrée au ministère ! le roi vous devait cela. — Nous lui en avons de la reconnaissance. — Je lui ai tant parlé de vous en retour de mon amitié inaltérable ! — Nous devons le chérir. — Je l'adore. — Il est si bon ! — Si franc ! — Si digne ! — Si grandiose ! — La France sera heureuse sous son règne.—Et sous notre administration.—Ceci va sans dire. Mais, ma chère (et on baissa la voix), êtes-vous bien convaincue de la nécessité de rétablir sur pied tout comme avant le funeste événement des trois jours?—Sans doute; car, si on n'y met ordre, on nous mangera dans la main.—Voyez ces femmes d'employés: quelle familiarité impertinente elles étalent! on dirait qu'un ministre est du bois dont on les fait.—Toute subordination est disparue.—Tout respect perdu. Il y a des conseillers d'État qui se permettent de manger dans notre main.—Devons-nous ramener les pairesses jusqu'à l'antichambre? —Non, vraiment, des pauvresses qui ne garderont pas l'hérédité.—Je prétends que le roi ne sera bien assis que lorsqu'on nous aura rendu l'excellence et le monseigneur.—J'ai enjoint à mon mari de les reprendre.—Il faut de la dignité dans un État.—Des grandeurs, de la représentation.—Avec cela, le peuple est toujours heureux; car, que demande-t-il, ce peuple excellent? que les gens de mérite soient bien placés, bien payés, et il ne se tourmente guère des impôts; car, enfin, ces impôts, il faut les payer tôt ou tard. — Et la presse? — Oh! la coquine! — Si on la muselait? — Nous y viendrons. — Savez-vous que c'est le tourment le plus affreux qu'on puisse imaginer que d'obliger des personnes de notre sorte à cajoler des feuilletonniers, des journalistes? C'est une horreur! et leurs femmes, comme elles sont arrogantes! c'est tout l'orgueil de l'ancien régime. —Et en regard de la simplicité touchante du nouveau! — Ces gazettes sont pour moi la tête de Méduse. — On nous y insulte comme si nous étions des abbés ou des bourgeoises. — On y raconte ce que nous ne faisons pas. — J'ai bien ri, hier, de l'anecdote du sucrier de notre collègue madame... — De qui parlait *le Corsaire* ce matin, quand il représentait la femme d'un ministre incertaine entre une épée et une toge? —Fi! ma chère amie, c'est une abomination! J'ai un cousin officier que je viens de faire nommer procureur du roi, et un jeune ami, excellent praticien, qui a voulu à toute force entrer dans les lanciers d'Orléans, et là-dessus on brode des infamies.

— *Monsieur et madame Lebarnon, marchands de bas en gros et en détail, rue Saint-Denis, n.   , et sergent-major dans la 5ᵉ de la garde nationale.*

C'était l'huissier qui lisait, à haute voix et sans omettre une syllabe, la carte d'adresse qui venait de lui être remise par le digne boutiquier, charmé de se faire connaître avec éclat à son entrée chez la femme du ministre.

A mesure que l'huissier poursuivait, un rire inextinguible s'élevait de toutes les parties du salon, sans que le respect dû au lieu pût y mettre ordre : jamais annonce n'avait été plus comique. La fureur, car c'est là le mot, de madame Saint-Olben eut grand'peine à être contenue. Ce qui piquait la dame le plus vivement, lorsqu'elle prenait la qualification de ministre, était le titre de *sergent-*

major que s'attribuait son ex-amie. Elle en appréciait le ridicule immense, et ne s'apercevait pas du sien : voilà comme nous sommes tous.

Cependant elle demeurait incertaine sur ce qu'elle avait à faire : se fâcher, paraître indifférente, supporter la gaîté de la compagnie, malmener les arrivans... était-ce possible? Il y avait encore un reste de ménagement pour les citoyens armés, et on ne pouvait leur rompre en visière au moment où ici l'on entrait en pleines fonctions d'un ministère constitutionnel; force fut donc d'accueillir, au moins avec indifférence, le couple qui, dans son ignorance des formes, manquait à toutes. Il fallut écouter les sots complimens du mari dont l'*épouse* ne rougissait plus si bien; elle y était accoutumée. Ce ne fut pas le moindre agrément de la journée pour le vicomte d'Urtal, personnage charitable, ardent à rire de ses ennemis, sans, pour cela, mieux épargner ses amis. Que de gens parmi nous lui ressemblent!

Tandis que ces choses se passaient à l'hôtel du ministère, Lomont ne demeurait pas tranquille de son côté. Il s'était rendu, le matin de ce même jour, chez demoiselle Moline, et, attaquant cette dernière par son côté faible, sa confiance dans les cartes, parvint à la décider (ce qu'elle n'aurait fait pour aucun salaire) à consentir à ce que Lucien, revêtu d'une livrée qui le déguisât, vînt voir dans sa chambre Hélène de Courtenai, qu'il serait facile d'y amener. Moline céda à la volonté des cartes : elle était convaincue de la nécessité d'aider à un mariage écrit dans le ciel.

Le lendemain, lorsque mademoiselle de Courtenai entra chez la vieille femme de chambre de son aïeule, elle fut surprise d'y rencontrer un grand jeune homme couvert d'un carrick galonné, et tenant aussi à sa main un chapeau de service. Il se retourna vivement vers elle en se précipitant à ses pieds : c'était Lucien. La surprise de la jeune fille ne fut pas médiocre : une vive émotion s'empara d'elle, et une terreur non moins complète la domina. Lucien eut de la peine à la calmer, à lui faire comprendre qu'il n'y avait aucun danger à la visite; et comme l'amour parlait de moitié avec lui, Hélène finit par faire comme toutes les jeunes filles, elle se rassura.

La chose même, et selon encore la coutume, alla plus loin. Hélène fut flattée de la démarche de son cousin, auquel elle accordait d'autant plus sa confiance que déjà les nœuds du sang la rattachaient à lui. Il est possible qu'elle n'eût pas souffert les visites mystérieuses d'un autre amant qui, à l'avance, ne lui aurait été rien; elle sauvait sa pudeur par ces paroles : C'est mon cousin.

La première entrevue eut lieu en présence de demoiselle Moline. Il fallut, pour plaire à celle-ci, assister à une partie de tarot qu'elle fit, et les cartes s'assemblèrent favorables au mariage. Mais le jour d'après, la marquise sonna demoiselle Moline, et Hélène resta seule avec Lucien. Il en fut ainsi à plusieurs reprises. Dès-lors la jeune fille se montra moins gaie et plus retenue; elle ne faisait plus entendre ses grands éclats de rire qui, quelques jours auparavant, lui étaient si familiers; elle passait des instans prolongés dans une rêverie inaccoutumée.

Georges le Grec fut le premier à s'en apercevoir. Il la surprit une fois accoudée contre la cheminée du salon, où elle se croyait seule. Il entra avec bruit. Hélène ne l'entendit point. Il s'approcha d'elle sans parvenir à détourner son attention de l'objet extérieur dans lequel elle était entièrement concentrée. Alors, allant se placer devant elle, tandis qu'il lui prenait la main:

— Qu'as-tu, demanda Georges?

Hélène parut sortir d'un autre monde à cette question simple et faite avec un intérêt senti; elle regarda l'adolescent comme pour lui dire: Je ne te comprends pas. Lui, reprenant:

— Tu souffres, Hélène?

— Moi? non... ma santé est bonne.

— Alors, tu as du chagrin.

— Et lequel pourrais-je avoir, qui me manque pour être heureuse?

— Peut-être ce que tu regrettais maintenant de ne pas trouver ici.

— Jeune langue de vipère de Laconie, répondit mademoiselle de Courtenai en s'efforçant de rire.

Georges la regardant fixément de nouveau :

— Voilà, dit-il, à qui tu ressembles : à la fin d'un orage, dans une belle soirée d'été, auprès de Taigète; tu as des larmes dans les yeux, et une sorte de joie sur tes lèvres.

— Et vous, monsieur, avez une vieille malice. Fi!... qu'il est mal d'interpréter ainsi la moindre distraction!

— Non, je ne te calomnie pas, répliqua l'adolescent en tordant ses mains avec effort, tu n'es plus à Paris ce que tu étais en Bourgogne, tu ne m'appelles plus pour jouer ensemble. Oh! la vilaine ville, qu'elle soit maudite de Dieu avec tous ses habitans!

— Est-ce ainsi que Georges le Klephte

témoigne sa reconnaissance à la cité qui l'adopte en quelque manière! En vérité, tu montres un bon cœur!

— Je ne dissimule pas comme toi du moins, et peut-être que si je fusse demeuré sur le sol natal, que si j'avais trouvé la mort auprès de ma famille expirante, mon sort eût été moins malheureux. Hélas! éloigné du ciel des Hellènes, je végète sous celui de France, où arbuste exogène je ne peux me développer. Oui, pour contenir ma douleur, il me faudrait et les montagnes de l'Arcadie, et les bords de l'Eurotas, et les flots de cette mer qui borde nos rivages sacrés.

Et Georges à son tour, en baissant sa tête charmante, essaya de dérober les pleurs qui roulaient sous ses noires et longues paupières.

— Tu es donc bien malheureux, répondit la jeune fille, auprès de ceux qui t'aiment?

— Qui m'ont aimé, repartit Georges avec vivacité.

— Quoi! Éleuthère, ma grand'mère, mon oncle et moi ne t'aimons plus?

— Je ne dis pas cela, répliqua Georges tout honteux.

— Que viens-tu donc de dire?

— Que tu ne m'aimes plus, et cela est vrai.

— Fou!

— Oui, tu as changé pour moi, tu donnes ton cœur à d'autres.

Hélène se détourna, car elle rougissait, et Georges ne le vit que trop.

— Jaloux, malicieux enfant!

— Enfant! enfant! dit Georges avec indignation; combien de temps le serai je encore? je vais avoir seize ans.

— Quinze, monsieur, et vous en paraissez douze.

— Mon cœur en a trente, s'écria-t-il.

— Oh! comme vous le vieillissez, et comme il vous dément! voyez un peu les grandes occupations de ce cœur de trente ans, jouer sans relâche, faire des espiègleries sans fin, poursuivre un papillon, apprendre à siffler à un perroquet, se battre avec tous les polissons de la cour ou du voisinage, se couronner de fleurs, jouer du timpanon, épier un oiseau !

Et Georges frappait du pied, et son visage si beau, si expressif, s'animait d'une pétulance nouvelle; et on y pouvait reconnaître la colère d'une âme humiliée et le besoin de la vengeance inné dans celle d'un Grec. Il luttait contre elle, mais elle triompha; et alors, élevant la voix et changeant de propos avec une malignité qui semblait supérieure à son âge:

— Hélène, ne pourrais-tu m'apprendre ce que le méchant Lomont, valet de chambre de ton cousin Lucien, vient faire presque chaque matin dans la chambre de demoiselle Moline?

Ce fut pour Hélène un coup de poignard;

elle en tressaillit et sa rougeur en augmenta. Georges aurait-il vu aussi Lucien, le reporterait-il à sa famille? Cette question double qu'elle s'adressa lui inspira de vives craintes; mais pas assez habile pour vaincre la première émotion, et pas surtout familière avec le mensonge et l'intrigue, elle ne sut que répondre et garda le silence. Les yeux de l'adolescent rayonnaient alors d'une satisfaction cruelle, car il voyait combien sa malice avait réussi. Hélène, très en colère et ne le ménageant pas, car elle aussi manquait de mesure:

— Espion, dit-elle, à quoi passez-vous donc la vie? Allez, je ne vous aime plus; vous l'avez bien deviné!

—Est-ce vrai, bien vrai? répondit Georges en ne retenant plus ses larmes; quoi! tu as cessé de me chérir? moi qui mourrais à ton seul désir! Oh! bonne amie? aime-moi un peu, oui, un peu... j'en serai si aise, cela me donnera la force de supporter mon malheur, celui de te voir un jour... Je suis discret comme la tombe, même dans ce qui brise mon âme... adieu... et il s'élança hors du salon, laissant Hélène stupéfaite et de ses paroles et du sentiment qui, si jeune, se manifestait déjà.

XXI.

LA FAUTE ET LE DEMI-AVEU.

Non est medico semper relevatur ut æger;
Interdùm doctâ plus valet arte malum.

OVIDE.

Il n'est
pas toujours au pouvoir
d'un médecin de guérir son malade,
et souvent le malade est plus fort que l'art.

— Il est impossible que vos visites ici se prolongent, dit mademoiselle de Courtenai à son cousin. Georges sait que Lomont vient chez Moline, peut-il ignorer que vous y venez aussi?

— C'est un démon que cet enfant... et si je ne peux vous voir, que deviendrai-je! Ah! vous ne m'aimez pas!

— Que dois-je faire pour vous en mieux persuader? demanda la jeune Hélène d'un ton mélancolique; je vous vois à l'insu de mes parens.

— Ne suis-je plus le vôtre?

— Oui, Dieu merci, vous l'êtes, car sans cela je serais étrangement blâmable.

— Pourquoi vous a-t-on refusée à mon amour; suis-je donc si indigne d'y prétendre?

— Ce n'est pas à moi qu'il convient d'adresser cette question, dit Hélène en s'efforçant de sourire.

— Les vôtres sont trop fiers de leur naissance.

— Ne leur en voulez pas; elle forme toute leur fortune. Mais, Lucien, je vous en conjure, suspendez vos visites, ne venez pas au moins tous les jours.

— Quand la frayeur prend, la tendresse diminue.

— Mauvais axiome que l'avenir démentira.

— Pardonnez à ma défiance, reprit Lucien ; je ne pourrais vivre sans vous, et à la seule pensée de vous perdre, mon cœur s'égare ; vous ignorez, Hélène, tout ce qu'il a en lui de flamme pour vous.

Et la physionomie de Lucien exprimait au-delà de ses paroles, et sa cousine, doucement agitée, le regardait avec autant d'émotion que de plaisir. Ils étaient seuls; demoiselle Moline venait de descendre chez sa maîtresse ; ils étaient seuls, et le jour finissait! Il avait fallu changer l'heure du rendez-vous, afin d'attacher moins les regards de la curiosité des gens de la maison, à part celle du suisse, dont on payait la discrétion au poids de l'or.

C'était donc à cette heure où la nuit ne règne pas encore, et où cependant les rayons du soleil ne colorent plus l'étendue des cieux, momens mystérieux, dangereux à l'innocence, funestes à la vertu.

Le lendemain, Hélène entra dans la chambre de son frère. Hélène, pâle, oppressée, souffrante... Un regard d'Éleuthère suffit à l'alarmer sur l'état de la jeune fille; il vint à elle avec empressement, et lui adressa la question que Georges déjà lui avait faite la veille quand il l'interrogea sur ce qui pouvait l'attrister. Hélène, pour toute réponse, passant ses bras autour du cou de son frère, se mit à verser des larmes en abondance et parut défaillir.

Éleuthère, plus encore surpris et éprouvant une anxiété cruelle, se dégagea doucement du lien qui l'étreignait, et porta Hélène, presque inanimée, sur un siége voisin, sans qu'elle s'y opposât ni que sa douleur diminuant lui permît de s'enquérir de la cause de cette émotion si singulière. La retenue du baron de Courtenai en ce moment provenait moins encore de l'inquiétude que lui inspirait l'état de sa sœur que des conjectures auxquelles il s'abandonnait, un instinct secret le portant déjà peut-être à deviner ce qu'Hélène était sans doute venue lui apprendre. Il demeurait donc en silence et debout devant elle sans appeler le secours d'aucune femme de la maison, ce qu'en toute autre circonstance il n'eût pas manqué de faire. Il comprenait parfaitement que ces larmes, que cette douleur étaient de celles dont il faut enlever la connaissance à ceux qui n'en sont pas les témoins ; il attendit long-temps encore, Hélène, plus calme, ne se décidant point à parler; enfin souffrant trop d'un silence prolongé outre mesure:

— Chère sœur, dit-il, es-tu venue pour me rendre le témoin inutile de ta peine cachée, ou pour l'alléger en partie en la déposant dans mon sein ? Tu dois présumer combien la mienne est extrême à l'aspect de ce que tu ne manifestes que trop; aies en moi de la confiance, je la mérite et je veux tout ton bonheur.

— Éleuthère, dit Hélène se mettant tout

à coup à parler avec volubilité, je t'en conjure, change les dispositions de ma grand'-mère; porte-la, mon bon frère... Elle s'arrêta honteuse de ce qu'elle allait dire, et le baron de Courtenai lui prenant la main :

— Enfant malheureuse, dit-il, quel voyage funeste sommes-nous venus faire à Paris?

— Ah, oui! bien funeste, répondit Hélène en secouant la tête; nous avions tant de bonheur dans notre vieux château !

— Il faut y retourner vite, reprit Éleuthère.

Un autre signe négatif de la part d'Hélène précéda sa réponse.

— Il est trop tard, dit-elle.

— Jamais pour qui veut se secourir.

— Mon cœur ne m'appartient plus.

— Ma sœur! que me faites-vous entendre!

— J'aime, mon frère, j'aime... Oh! mon Dieu! je vous en supplie, ayez pitié de mon amour; voyez-moi! la hauteur de notre naissance...

— Je ne la regarde, repartit hautement le baron de Courtenai, que lorsque je sens ma vertu s'affaiblir; alors je la retrempe au souvenir de mes ancêtres; mais je ne songe pas à elle dans tout ce qui touche à la vie commune; je m'occupe alors de choses plus positives, je cherche à établir la balance entre les bonnes et les mauvaises qualités.

— Notre grand'mère pense autrement, dit Hélène en tâchant à se donner du courage, c'est elle qui a refusé...

— Je vous tromperais, ma sœur, répliqua le baron, si je vous laissais croire que la marquise a décidé seule le refus qui certainement est la cause de votre chagrin; elle a bien voulu me consulter et n'a décidé que d'après mon avis : c'est moi seul qui suis coupable, si c'est l'être que de craindre pour votre avenir.

—Ainsi, mon malheur vient de vous seul, et que vous ai-je fait... ou plutôt quels sont les torts de..... de mon cousin? est-ce de ne pas être gentilhomme?

— Non , mais d'être malhonnête homme, répondit Éleuthère froidement; voilà ce qui m'a rendu contraire à ce mariage, et point un orgueil de sang, que moins que tout autre je devais écouter.

— Vous accusez mon cousin d'étourderie peut-être?

— Hélène, dit Éleuthère en la reprenant par la main et en cherchant à prendre sur sa physionomie la tendresse fraternelle dans tout son éclat, Hélène, vous êtes bien jeune pour vous conduire sans guide, vous êtes trop pure pour que j'afflige votre âme par des rapports qu'il me convient de vous épargner; mais si vous avez de la confiance en mon attachement, en cette probité que j'ose dire héréditaire chez les nôtres, vous ne balancerez pas à croire en ma parole : M. Lucien Saint-Olben est indigne de vous.

Une pâleur plus vive encore couvrit le visage de mademoiselle de Courtenai, qui tressaillit tandis que son frère prononçait ces dernières paroles. Un désespoir, morne d'abord, puis mieux développé, éclata dans ses yeux, et d'une voix faible elle dit :

— Ne m'en donnerez-vous pas la preuve?

Éleuthère, à son tour, manifesta un mécontentement extrême.

La preuve! reprit-il, ma parole n'est donc pas suffisante? c'est la première fois que l'on ne s'en contente point, et c'est ma sœur qui me conduit sur ce chemin!

— J'ai tort, certainement, reprit Hélène confuse; mais, Éleuthère, songez que je vois mon cousin sous un tout autre aspect.

— Je sais la part à concéder à la folie qui vous domine; aussi, de mon côté, ai-je eu tort de me trop fâcher; mais, je vous le répète, il y a dans M. Saint-Olben des habitudes de vie qui durent encore, et je n'ai pas voulu que ma sœur eût une indigne rivale.

Inspirer de la jalousie à une jeune fille est le meilleur moyen de la maintenir dans son amour. Dès qu'Éleuthère eut touché maladroitement cette corde, Hélène, en qui elle résonna avec tant de dissonnance, oublia la timidité dont jusque-là elle ne s'était jamais départie, et d'un ton presque résolu, car elle était frappée dans sa première affection :

— Lorsqu'on accuse on doit prouver !

— Cela me serait facile, répondit Éleuthère avec hauteur, si je le jugeais convenable, et si j'avais sur vous l'autorité que votre âge permet et que cependant je ne prendrai point tant que notre mère nous sera conservée ; adressez-vous à elle sur ce point. Quant à moi, poursuivit-il en ne dissimulant plus combien il était affecté, je me contenterai de regretter qu'il ait fallu si peu de chose pour m'enlever le cœur de ma sœur.

— Et vous la possédez toute entière, et jamais elle n'a diminué dans mon cœur ; c'est vous, Éleuthère, qui êtes trop sévère, vous en qui j'espérais, et dont je suis si cruellement abandonnée !

— Je vois, reprit le baron Éleuthère, que nous courons l'un après l'autre, que nous nous aimons en nous faisant du mal: en s'expliquant, parviendrions-nous à mieux nous entendre? on pourrait l'essayer : qu'en penses-tu, ma chère enfant?

— Je voudrais que Lucien fût admis à se justifier de ce qu'on lui reproche. Es-tu bien assuré de ce qu'on a dit contre lui?

— J'en suis trop certain pour ton bonheur: M. Saint-Olben est envieux de posséder ta main, ou peut-être cède-t-il aux volontés de ses parens; mais son amour est à une autre femme.

— Cela est impossible, s'écria Hélène! non, cela n'est pas, on le calomnie, ou il serait... non! non!... je me fie à lui.

Et son regard étincelait, et ses traits reprirent une expression singulière. M. de Courtenai l'examina avec une surprise de plus en plus croissante, ne put enfin s'empêcher de dire:

— Les passions ont donc un tel empire sur cette jeune âme, que, dès leur début, elles la font sortir de cette modestie qui devrait la parer toujours; reviens à toi, Hélène, vois où te conduit un sentiment fatal : tu connais ton cousin depuis trois mois à peine, tu l'oublieras.

— Jamais!

— Tu renonceras à lui.

— Je ne le peux plus.

Un éclair passa dans les yeux d'Éleuthère, et un tiers aurait aperçu la violence qu'il fit pour imposer silence à une idée funeste qui cherchait à naître au fond de sa pensée. Il se contenta de dire à sa sœur :

— Je ne m'attendais pas à l'exaltation de ton âme, et lorsque j'ai provoqué la rupture de ton mariage avec M. de Saint-Olben, je m'attendais à ce que la chose te serait indifférente; je me suis trompé..... Hélène, tout peut se réparer encore; veux-tu prendre confiance en mon amitié?.. Je vais méditer, examiner mieux cette affaire; je reverrai la personne dont je tiens ces lumières que je présume vraies; je la méprise.... N'importe, je veux au moins, si je suis obligé de te coûter des larmes, ne pas avoir à me les reprocher.

— Mademoiselle de Courtenai avait besoin de la douceur de ces paroles pour calmer la tempête élevée dans son sein; elle embrassa Éleuthère à plusieurs reprises, le conjura de ne point l'abandonner, lui avoua qu'elle était venue pour faire de lui son protecteur auprès de leur aïeule, et qu'elle avait la faiblesse de ne pouvoir imposer silence à son amour.

— Il a cheminé bien vite, répondit Éleuthère en soupirant, et cela par notre faute! oui, chère Hélène, tu as demeuré trop isolée dans notre manoir; on a besoin de voir le monde de près lorsqu'on veut apprendre à se méfier de ses embûches, je le reconnais maintenant. Calme-toi, je te le répète; espère, ne soufire pas, et néanmoins prépare-toi à ce qu'un devoir inflexible te réserve; n'oublie jamais que tu es une Courtenai, et ne m'oblige pas surtout à me mettre dans la dure nécessité de m'en trop repentir.

Ce fut en appuyant sur ces derniers mots que le baron Éleuthère termina sa phrase. Hélène en comprit toute la portée et en frémit involontairement. Elle allait répondre lorsqu'on annonça le vicomte d'Urtal. Aussitôt mademoiselle de Courtenai, embrassant son frère par deux fois, ouvrit la porte d'un cabinet voisin et se retira en toute hâte, peu envieuse d'être surprise lorsque ses yeux étaient gonflés de larmes et que sa contenance ne déposait que trop de son chagrin.

Éleuthère aurait bien voulu se recueillir quelque peu. Il y avait pour lui nécessité en ce moment de se livrer à des réflexions utiles et majeures; il entrevoyait des difficultés à une affaire qui, une heure auparavant, lui paraissait terminée; c'était pour lui une tâche pénible que d'assurer l'avenir de sa sœur en opposition avec ses désirs ; il se reprochait de n'avoir pas vu le péril où il devait être ; mais quand lui et les siens confièrent Hélène à sa tante, qui se serait imaginé tout ce qui était survenu! La prévision humaine est bornée en général, et celle des personnes vertueuses l'est en particulier bien davantage.

Tout ce que je rapporte longuement fut instantané dans l'esprit d'Éleuthère. Sa haute politesse ne lui permit point de refuser la visite du survenant déjà dans le salon qui précédait sa chambre, et où il fut le recevoir.

— Je viens à vous, monsieur le baron, dit le vicomte d'Urtal, comme au plus jeune de votre famille, et par conséquent celui qu'un sentiment extrême doit plus toucher. Votre aïeule a mis au désespoir un jeune homme en fort bonne position dans le monde, et son refus porte sur ce que ses parens sont trop bien avec la fortune. Le reproche est si bizarre que j'ai eu de la peine à m'y arrêter. Les Saint-Olben en sont d'ailleurs désespérés, et c'est de leur aveu que je chercherai à renouveler une négociation rompue sans trop de raison au fond.

— Accoutumé à respecter les décisions de la marquise d'Armenseine, répliqua Éleuthère, je me retrancherais dans la manifestation de sa volonté, si son opinion sur ce point n'eût été conforme à la mienne: j'ai cru ce mariage contraire au bonheur de mademoiselle de Courtenai, et l'ai dit franchement.

— Avouez entre nous que les idées féodales.....

— Ne sont entrées pour rien dans les élémens de ma croyance.

— Alors quel reproche à faire des richesses immenses, une tenue supportable pour gens qui ne sont pas *nous*, une position hors de pair, car enfin un ministère.....

— Tout cela, sans doute, ne m'éblouit

point, et néanmoins ne doit être aucunement dédaigné; ce sont même des avantages que je ne nierais qu'avec folie.

— Alors est-ce seulement par excès de fidélité à la vieille cour?

— La vieille cour, M. le vicomte, tendait fort à se rajeunir avant quelques années: aussi ne me paraît-elle pas si décrépite, ni à vous non plus, que certaines personnes se le figurent : ceci encore a pu servir de prétexte, mais pas de fondement.

— J'espère, M. de Courtenai, que votre franchise sera toute entière; je la réclame de votre loyauté.

— Eh bien! monsieur le vicomte, puisqu'il vous faut une explication, la voici, mais pour vous seul, pour vous, entendez-le bien, et cela jusqu'au moment que je vous autorise à faire de ma confidence ce que vous jugerez convenable dans l'intérêt de vos amis. Les moeurs du jeune Saint-Olben sont les seuls motifs du refus de notre famille.

— Ah! ah!..... dit avec étonnement l'interlocuteur; puis se reprenant :

« Je vous demande pardon de ma surprise; rejetez-la sur la force de l'habitude. Il m'a paru si étrange, à moi Parisien de toute éternité, d'entendre reprocher ses mœurs à un fils de ministre, à l'héritier d'une fortune prodigieuse, que je n'ai pu retenir le premier mouvement; j'oubliais que vous étiez vous trois un reste perdu de la vieille roche, de ces délicats d'autrefois qui comptaient l'intérieur pour quelque chose. Hélas! on a si bien abandonné ces erremens... Mais vous y tenez.... allons, soit.... Que reprochez-vous à notre jeune homme? la dissipation, c'est de son âge; des dettes? on les payera? des parties fines? eh bien! c'est sans conséquence; une, deux, trois maîtresses peut-être? on leur donnera congé; des opinions républicaines? son père est ministre, il les perdra. Ainsi, tout mis en ligne de compte par francs et centimes, je vois que mon jeune protégé est le plus rangé de l'époque, et celui qui, sans doute, sera le meilleur mari.

— Je suis au désespoir, répondit Éleuthère, de ne pas être d'accord avec vous sur ce point : nous sommes, et vous l'avez dit avec raison, très en arrière dans les choses de ce monde. Nous n'attendons pas tout de l'avenir; il entre dans notre croyance de le fonder sur le présent. J'ai devers moi la preuve que M. Saint-Olben a un engagement de cœur, et je ne lui confierai ma sœur qu'à bonne enseigne. Souffrez, monsieur, que je voie plus clair dans cette intrigue, et ensuite....

— Soit; vous vous amendez, et mademoiselle de Courtenai sera à nous. Son cousin sortira blanc comme neige de votre investigation; mais commencez-la vite, il y a grande impatience de notre côté. Que voulez-vous m'autoriser à répondre?

— Rien encore, monsieur; je me suis refusé à parler à mon aïeule, voilà tout. Je vous en dirai davantage dans deux ou trois jours.

On se sépara à la suite de cette dernière réplique, et le comte d'Urtal, en descendant l'escalier, se demandait où étaient les moins raisonnables parmi les Courtenai ou les Saint-Olben.

XXII.

UNE VISITE DÉSAGRÉABLE.

On ne peut tarder à se repentir
d'avoir formé ces liaisons que le vice trouve commodes, et qui
finissent par devenir son châtiment.

Recueil de Maximes.

Eugénine, en écoutant le récit de Lucien, se mit à battre des mains, à courir par la chambre, sautant, gesticulant, riant comme une folle; elle était heureuse... heureuse de ce bonheur que le vice éprouve chaque fois que la vertu faillit : c'était des éclats de délire.

Lucien l'examinait; il avait sur sa physionomie une teinte mélancolique, un voile sombre; c'est que son cœur manquait de satisfaction. Une nouvelle vie s'ouvrait devant lui; il en redoutait les tempêtes, et cet instinct si extraordinaire que nous connaissons tous, et qui ne nous trompe jamais, lui montrait dans l'avenir une perspective embarrassée...... où il n'était pas satisfait. Assis ou plutôt couché dans une causeuse, il demeurait morne, tandis que la femme infernale qui l'égarait continuait sa danse, ses ébats désordonnés.

En ce moment la domestique d'Eugénine entra et dit :

— Un monsieur demande madame.

— Qui est-ce ?

— Je ne le connais pas.

— Est-il beau garçon ? fut la question que Lucien adressa à cette créature.

— Plus beau qu'un billet de banque.

— Il en apporte avec lui peut-être, répliqua Lucien en ricanant.

— De la jalousie! dit Eugénine... j'ignore... je n'attends personne...... Madelaine, je n'y suis pas.

— Pourquoi donc, madame? On ne renvoie pas un homme beau comme un billet de banque; il faut le voir.

—Madelaine, faites entrer.

La domestique sortit. Lucien, en ce moment, porta par hasard ses yeux dans la glace placée sur la cheminée... Tout à coup il retint un cri, mais s'élança dans un cabinet de garde-robe obscur dont il n'eut pas le temps de fermer la porte.

Éleuthère parut aussitôt. A son aspect Eugénine se sentit saisie d'une terreur inexprimable; jamais personnage ne pouvait arriver dans un plus mauvais moment, et il était impossible de le congédier. Lucien ne l'avait que trop bien vu. Sa disparition soudaine en était la preuve sans réplique; il fallut donc faire contre mauvaise fortune bon cœur, se soumettre à la destinée, et tâcher de combattre contre elle. C'était sans doute en conséquence de la visite qu'elle, Eugénine, avait faite peu de jours auparavant, à M. de Courtenai, que celui-ci venait aujourd'hui. Et quel sujet à traiter devant Lucien, placé de manière à ne rien perdre de ce que l'on dirait aussi près de lui.

Mademoiselle de Merseil, malgré son effronterie naturelle, éprouva donc un embarras réel qui parut sur son visage; Éleuthère ne vit là que l'importunité de sa visite, et que peut-être il dérangeait la dame dans l'attente alors d'une société plus lucrative : ceci le tourmenta peu, décidé qu'il était à ne pas s'atarder auprès d'elle.

—Je vous dois des excuses, madame, dit-il, de ma présence chez vous, à la suite de notre entrevue précédente, et je ne dois pas être étonné de la surprise que ma présence vous cause.

—Il est vrai, monsieur, répliqua la dame toujours mal à son aise, que la manière dont nous nous étions séparés ne me faisait pas présumer que vous viendriez à moi; vous n'aviez pu me rendre le service que je réclamais de votre obligeance, et dès-lors nous devions demeurer étrangers l'un à l'autre.

— Ainsi aurais-je fait, dit Éleuthère, par égard de votre position; mais les circonstances, en changeant, nous obligent souvent à faire comme elles; une particulière me ramène à vous et me force à reprendre le sujet que vous vîntes traiter chez moi.

— A quoi bon, monsieur, revenir sur le passé? laissons-le sans nous en occuper davantage; j'ai renoncé à mon désir, et, comme vous le dites, les circonstances ne me laissent aucun espoir.

— Qui sait, madame, ce qu'elles nous préparent? Je veux vous servir de tous mes moyens, pourvu que votre franchise...

— Eh, monsieur, je vous le répète, ne vous attachez plus à ce qui ne me conviendrait pas; j'ai réfléchi, j'ai compris quelle serait l'insuffisance de mes démarches, et si votre visite n'a pas d'autre but...

— Madame, repartit Éleuthère en s'inclinant, pardonnez à ma témérité ou, pour mieux dire, à mon insistance; mais un intérêt direct, sacré même, me contraint à éclaircir vos rapports avec.....

— Et moi, monsieur, je vous demande de ne pas aller plus avant; je veux être libre de ma résolution, et puisqu'elle a changé, je ne pense pas que vous soyez le maître de vous en tourmenter malgré moi.

Lucien, à mesure que le colloque se prolongeait, sentait croître sa curiosité; il reconnaissait qu'à une époque antérieure le baron de Courtenai et Eugénine avaient eu des rapports ensemble, rapports indirects et dont il avait le vif désir de percer le mystère; il voyait aussi que sa maîtresse, dans ce moment-ci, reculait de traiter un sujet dont sans doute elle voulait lui enlever la connaissance, et il souhaitait que le frère d'Hélène lui procurât les lumières dont il avait besoin; il n'eut pas beaucoup à attendre, car Éleuthère répliqua précipitamment:

— Madame, je sais les égards dus à votre

sexe; mais il est des positions qui doivent forcer l'homme le plus disposé à obéir aux dames à ne pas se montrer leur serviteur aveugle, et c'est ici le cas. Je désire et vous supplie de me permettre de vous servir, selon votre première demande, auprès de M. Lucien de Saint-Olben.

—Mais, monsieur, il est extraordinaire..... votre persistance.... j'ignore...

—Eh quoi! n'êtes-vous pas venue me trouver afin que je sollicitasse ce jeune homme?

— Je ne sais, monsieur, ce qui vous plaît de conter; vous avez confondu des personnes et des récits...

— J'avoue, madame, que vos paroles me confondent : ne réclamiez-vous pas le titre de femme légitime que M. Saint-Olben vous devait?

— Moi.... moi!.... Allez, monsieur, vous perdez la tête; jamais pareille folie n'est entrée dans la mienne.

— C'en est trop, dit Éleuthère vivement blessé; il ne vous appartiendra pas de nier un fait qui désormais intéresse mon honneur et qui compromet celui de M. Saint-Olben.

— Le sien?

—Oui, madame, il vous entend, il a faussé sa parole, et qui chez nous y manque...

— Je prie M. le baron de Courtenai de ne pas achever le prononcé de son acte d'accusation; me voici pour protester contre et prêt à lui fournir sur ce point toutes les explications qu'il croira nécessaires.

Ainsi dit Lucien Saint-Olben en quittant le cabinet où il avait trouvé une retraite momentanée, et en venant dans la chambre où son arrivée surprit Éleuthère et acheva de jeter Eugénine dans un embarras sans pareil.

—J'étais loin de vous croire aussi près de nous, répondit Éleuthère, et vous avez dû entendre avec quel soin je cherchais à vous rétablir dans votre honneur.

— Ce sont des actions de grâce que j'ai à

vous rendre pour un acte que certainement vous n'avez pas provoqué.

— J'aime à me persuader que vous n'en doutez pas.

— Ces deux répliques furent prononcées avec politesse en apparence, et avec un fond de hauteur réciproque à peine déguisé.

Eugénine, pendant ce temps, portait sur les deux interlocuteurs des regards inquiets; elle comprenait combien sa situation était difficile et s'en voulait dans ce moment d'avoir cédé aux insinuations de Lomont en tentant une démarche hardie qui nécessairement déplairait à Lucien lorsqu'elle lui serait dévoilée; elle chercha avec vivacité, dans son esprit inventif, par quel moyen elle se sortirait de ce mauvais pas, et ne put parvenir à en trouver le moyen; elle se laissa tomber sur un fauteuil voisin, où elle essaya de cacher son trouble en mettant ses mains devant son visage. Cependant Éleuthère et Lucien demeuraient debout et véritablement en présence l'un de l'autre, attendant chacun un mot de son adversaire.

Enfin le baron de Courtenai reprenant la parole :

— Monsieur, dit-il, ma mission est remplie; madame m'avait donné le droit, par une révélation non provoquée, d'achever de m'éclaircir avec elle au sujet de ses rapports avec vous; mais désormais ce que je pourrais en obtenir sur ce fait ne vaudrait pas pour moi celui de votre présence dans son appartement; je m'abstiendrai donc de toute question nouvelle, et me retirerai; ma présence d'ailleurs la gêne; elle ne doit pas non plus vous être agréable. J'espère enfin que vous serez loin d'attribuer à une seule curiosité indiscrète la démarche que je faisais... Monsieur Saint Olben, votre mère n'avait donc pas consulté son fils lorsqu'elle a voulu...

— Monsieur, dit Lucien en interrompant le baron de Courtenai, ce serait de votre part manquer de générosité que de revenir sur le passé : la rigueur avec laquelle on nous a traités dans votre famille...

— Elle était méritée, ce me semble, et je vois avec peine que nous avions raison.

— Je sais, reprit Lucien avec dépit, que les apparences me sont défavorables, et néanmoins je ne suis pas coupable autant que vous le supposez.

— Ne vois-je point ce qui est, et ce qui est ne confirme-t-il pas ce que madame est venue m'apprendre ?

— Que vous a-t-elle conté? que s'est-il donc passé entre vous deux? où vous êtes-vous rencontrés, connus ?...

— Oh! voilà, monsieur, nombre de questions, et vous me les faites avec beaucoup d'insistance! un autre, peut-être, se refuserait d'en donner la solution quand elle lui est demandée ainsi; mais moi, qui suis loin de toute envie querelleuse, je n'éluderai aucune explication.

— Et je vous imiterai, soyez-en bien persuadé, monsieur le baron de Courtenai.

Ces derniers mots étaient un vrai défi. Éleuthère ne les releva que par un regard digne et ferme; il ouvrait la bouche pour parler... Eugénine, le devançant :

— A quoi bon, dit-elle, ces récits, ces histoires, ce verbiage inutile, je me suis crue autorisée à causer avec monsieur, et par conséquent à lui apprendre que je vous connaissais, monsieur Lucien. Maintenant le motif qui m'avait rapprochée de lui n'existe plus, et je ne vois pas quel avantage vous retireriez si on le mettait sous vos yeux.

— Quant à moi, madame, répondit Éleuthère, je le juge complètement inutile; je puis dire, comme Athalie : *J'ai voulu voir, j'ai vu.* Ma mission est terminée, et si monsieur n'insiste pas, je partirai.

Un combat violent s'éleva dans le cœur de Lucien; il s'agissait peut-être de toute la destinée de sa vie; c'était le moment de la décider. Il y avait possibilité à ce que cela eût lieu à son avantage en s'expliquant avec pleine franchise auprès d'Éleuthère, en avouant son tort, en promettant une meilleure conduite, en lui demandant ses conseils et son concours; mais d'un autre, l'amour-propre, dont les inspirations nous sont toujours funestes, lui représentait la fierté du frère d'Hélène, la supériorité qu'il prenait à son égard, que, se flatter de l'attendrir pourrait être chose incertaine, et, dans ce cas, que l'on s'humilierait inutilement devant lui. D'ailleurs, se dit encore le jeune homme, force leur sera, à ces Courtenai si hautains, de solliciter eux-mêmes ce mariage, et j'aurai le contentement de les abaisser dans leur orgueil. Il arriva donc de cette circonstance que Lucien laissa échapper l'occasion de rentrer dans une meilleure voie, et qu'elle ne se représentera plus. Il n'insista pas, de son côté, à compléter l'explication nécessaire, et son silence ayant prouvé à Éleuthère qu'il n'avait rien à lui dire, ce dernier salua et partit le cœur vivement oppressé, déchiré même, et ne sachant s'il ne lui faudrait pas revoir ailleurs le jeune Saint-Olben.

Après son départ, qui délivra Eugénine d'un poids énorme, Lucien prenant la parole :

— Me feras-tu lire enfin, dit-il à sa maîtresse, dans ce livre obscur que le hasard a ouvert devant moi ?

— A quoi bon repartit-elle en riant, tu as dû voir par ce qui s'est dit que ce digne monsieur s'est maintenu, à mon égard, dans les bornes du respect : cela doit calmer ta jalousie.

— Aussi n'est-elle nullement alarmée, tandis que ma curiosité aurait grand besoin de percer au travers d'un mystère..... Il y a de l'intrigue, de la rêverie en jeu; tu as servi là un plat de ton métier.

— Ah! monsieur, j'admire le choix de vos termes; ils sont d'une galanterie délicate...

— Je doute que maintenant il consente à me donner sa sœur en légitime mariage.

— Qu'il le veuille ou non, il faudra bien que la chose advienne.

— Qui sait?

— Aurais-tu changé d'avis?

— Et s'il va dire à ma cousine qu'il m'a rencontré ici.

— J'en serais trop heureuse.

— Ah! ah! voici le caractère qui perce; tu es une misérable, Eugénine!

— Et toi, Lucien, vaux-tu mieux? qu'as-tu fait....... pour te croire supérieur à ton amante idolâtrée?

Et la prostituée, appuyant sur les deux derniers mots, se mit à rire plus que jamais.

— Non, non, poursuivit-elle, tu n'épouseras pas une Courtenai, mais tu la mettras en chambre, tu la feras encataloguer, et ce sera le complément du triomphe du nouveau régime sur l'ancien.

— C'est donc le mauvais principe qui l'emporte sur le bon? tu me le ferais croire... Que va dire Hélène... comment oserai-je me présenter devant elle?

— Ne la revois plus.

— Que je te quitte ainsi, détestable créature! s'écria Lucien indigné, cela doit être; mais ne comprends-tu pas la distance énorme qui te sépare de ma cousine, toi, la plus vile de ton sexe, et elle qui en est l'honneur!

— Dans ce cas, riposta Eugénine entraînée par la colère, tu es un menteur infâme, ou elle est au-dessous de moi.

Lucien s'était vengé du propos insultant avant qu'il fût fini, et aussitôt il s'élança hors de l'appartement. Eugénine y demeura pâle, délirante et comme attachée au plancher, à tel point elle se maintint dans une atonie complète, et lorsqu'elle en sortit elle prononça un blasphême affreux, et dit, avec une tranquillité menaçante :

— Il n'y a que du sang qui puisse laver un tel affront.

XXIII.

LA NÉCESSITÉ D'UN PAS RÉTROGRADE.

Il devrait y avoir dans le cœur des sources inépuisables de douleurs pour certaines pertes.

LA BRUYÈRE.

Il y avait aussi des sentimens bien pénibles dans le cœur d'Éleuthère de Courtenai, dans ce cœur ouvert aux pensées les plus généreuses et dont jamais rien d'indigne ne s'était approché, une lutte s'y établissait entre, d'une part, cette prudence inséparable d'un vrai courage, fortifiée dans toute la tendresse fraternelle la plus exaltée, et de l'autre, la voix impérieuse de l'honneur: celui-ci se plaignait de la conduite ambiguë de Lucien; il prétendait qu'il fallait positivement approfondir ce qu'avait fait entendre Hélène lorsqu'elle se livrait à son désespoir, et que nulle considération humaine ne devait dominer sur ceci. Mais serait-ce maintenant agir en bon frère que consentir à un mariage dont les suites ne pouvaient plus être heureuses? Lucien était pleinement convaincu de mauvaises mœurs, et la femme qui était venue se plaindre de lui avait eu sans doute raison de le faire ainsi: ce jeune homme, lorsqu'il recherchait mademoiselle de Courtenai, conservait une autre maîtresse et aurait partagé ses soins et son temps entre deux ménages.

Éleuthère, plus il réfléchissait à ce qu'il avait vu, à ce qu'il ne devait plus repousser en le qualifiant d'exagération ou de calomnie, se maintenait dans la pensée que toute alliance désormais était impossible entre sa maison et les Saint-Olben. Mais comment faire partager ce sentiment à Hélène sans arriver à déchirer son âme? Il y avait là des difficultés que le baron de Courtenai ne se flatta pas de surmonter; mais, attendu qu'il n'aimait point, il imagina que sa sœur serait raisonnable. Il faut ressentir l'amour lorsqu'on veut bien comprendre jusqu'où va son délire.

Cependant, ce qui lui paraissait le pire de tout dans la position présente, était, selon lui, de laisser Hélène persister dans son attachement pour son cousin. Il fallait donc détruire ce sentiment funeste, et on ne devait y parvenir qu'en ne ménageant pas l'âme tendre d'une jeune fille qui finirait par se guérir à l'aide de sa fierté et des bons avis qui lui seraient donnés.

Ce fut avec cette résolution prise qu'Éleuthère rentra à l'hôtel d'Aubeterre; il s'informa où était sa sœur. Elle faisait compagnie à la marquise d'Armenseine; on ne pouvait la faire appeler sans éveiller la curiosité de l'aïeule respectable, et ce ne serait qu'à la dernière extrémité que son petit-fils consentirait à lui communiquer les fâcheuses découvertes qu'il a faites. Éleuthère descendit chez la marquise, évita les regards de sa sœur et se maintint dans une tranquillité apparente qu'Hélène ne partageait pas; sa gaîté avait disparu, elle se taisait, se montrait morne. Vainement Georges rôdait autour d'elle pour chercher à la distraire, pour ramener la nonchalance ou le mécontentement à ses agaceries qui naguère encore provoquaient les éclats de sa gaîté, elle ressemblait à une statue privée d'existence, et la vie à peine se réfugiait dans le feu sombre de ses yeux.

Il vint du monde, le cercle s'agrandit: Éleuthère, alors s'approchant de sa sœur, la pria de venir le rejoindre aussitôt qu'elle le pourrait. Cette invitation troubla Hélène, qui, impatiente de savoir ce que lui voulait Éleuthère, ne tarda pas à s'échapper au moment où l'on annonça le prince de Rohan;

elle courut aussi vite rejoindre son frère, bien qu'elle redoutât ce qu'il pouvait avoir à lui dire; elle le trouva dans la galerie de l'hôtel, pièce vaste, ornée de riches peintures, reste d'un luxe ancien dont la frivolité de la mode actuelle dédaigne la magnificence. Il ne nous faut plus que des colifichets de mauvais goût.

Éleuthère se promenait à grands pas. L'amitié qu'il portait à sa sœur ajoutait à son embarras. Sa prévision d'ailleurs se portait plus loin; elle embrassait toutes les conséquences de cette pénible position, et néanmoins les acceptait sans en repousser aucune, bien décidé à remplir les devoirs de père et de protecteur dans leur étendue, n'importe jusqu'où elle dût aller; lui aussi, en se retournant au bruit des pas légers de la jeune fille, reconnut combien étaient déchirans les combats qu'elle soutenait contre son cœur. Hélas! il aurait lieu à y faire de nouvelles blessures, mais il le fallait, et un Courtenai ne peut jouer avec l'honneur de son nom. Il vint donc vers Hélène, lui prit les mains dans les siennes, lui fit un baiser sur le front; puis passant le bras autour de sa taille, se remit à marcher, l'entraînant avec lui et se sentant plus de courage en se tenant à côté d'elle que s'il eût été dans l'obligation de la regarder en face. Ils demeurèrent pendant quelque temps gardant l'un et l'autre un silence qui leur faisait mal à tous les deux. Eleuthère le rompit le premier.

— Il ne dépend pas de nous de donner la meilleure partie de notre vie pour assurer le bonheur de ceux qui nous sont chers. Si une telle faveur nous était accordée, mon Hélène serait heureuse, et je ne me trouverais pas dans la triste nécessité...

Il s'arrêta, ne sachant plus que dire, et comment achever ce qu'il ne pouvait plus taire. Sa sœur, tremblante et affectée douloureusement, n'eut pas non plus la force de le prier de poursuivre; elle devinait trop bien ce qu'il ne tarderait pas à lui révéler.

Éleuthère fit ensuite un nouvel appel à sa force morale, et continuant ce qu'il avait commencé :

— Ma sœur, dit-il, monsieur de Saint-Olben ne mérite ni ton affection, ni tes regrets : c'est un malhonnête homme.

Ces paroles atteignirent durement l'âme de mademoiselle de Courtenai ; il lui sembla qu'on jetait un voile épais sur ses yeux, à tel point ils se chargèrent d'une vapeur sombre ; ses genoux fléchirent, et son frère, qui s'en aperçut, la soutint avec un tendre intérêt. Ils poursuivirent leur marche silencieuse, l'un ayant tout dit, l'autre voulant douter encore de tout, mais écrasée, anéantie, car elle connaissait Éleuthère et savait que jamais mensonge n'était sorti de sa bouche. Que devait-elle faire ? Adopter entièrement ce qu'il lui disait, ou avouer sa faiblesse à admettre une lumière qui la foudroyait ? Il fallait pourtant répondre, dire quelques mots, approuver, témoigner un doute, sortir de ce chagrin mortel.

— Éleuthère, dit-elle en hésitant, ma confiance en vous est extrême; mais la faiblesse, à mon âge, est extrême; j'ai besoin de connaître... mon frère, ne me cache rien.

Et une douleur déchirante, celle de l'anxiété, toujours si cruelle, couvre les traits charmans de la jeune fille. Éleuthère en a d'autant plus de pitié, que lorsqu'il va compléter son chagrin il ne pourra l'adoucir par aucune consolation. Cependant il se détermine et dit :

— Hélène, il y a dans l'innocence un courage qui doit la soutenir; fais-y un appel, il te devient nécessaire : ton cousin, non-seulement ne t'aime point, mais te préfère une maîtresse, femme sans pudeur, avec laquelle il habite presque, et où je viens de le trouver actuellement.

Éleuthère s'arrêta dans ce qu'il disait, car il vit tout à coup le visage de sa sœur se décolorer; il craignait qu'elle ne cédât à un nouvel évanouissement lorsqu'une crise contraire eut lieu : le sang, qui d'abord s'était retiré vers le cœur, reflua avec une violence extrême, et ses teintes pourpres tachèrent le front et les joues de mademoiselle de Courtenai; en même temps une résolution soudaine se manifesta dans ses yeux; elle se tourna vers Éleuthère, et, le regardant avec une assurance inaccoutumée:

— N'importe, dit-elle, heureuse ou malheureuse, il ne m'appartient plus de ménager mon avenir, il faut seulement que je sois la femme de Lucien; il le faut, mon frère!

— C'est une folie; réfléchis.

— Le temps de la réflexion est passé, je te le répète; comprends-moi...... et n'ajoute pas à l'horreur de ma position...

Ce fut un tel mélange de pitié, de colère, de terreur et d'indignation, que tout ce qui éclata à la fois dans les regards jetés rapidement par Éleuthère sur sa sœur, que celle-ci en perdit l'assurance factice qu'une douleur extraordinaire lui avait inspirée; elle tomba dans sa timidité et perdit presque la raison, lorsque le baron de Courtenai se trouva trop bien éclairé sur ce qui s'était passé : celui-ci, néanmoins, malgré la violence de la tempête éveillée dans son âme, ne put s'empêcher de chercher à se rendre maître de sa propre indignation, afin de ne rien faire de ce qui pourrait le faire dévier de la double voie de la prudence et du devoir. Une pitié tendre et réfléchie le porta pareillement à épargner sa sœur; il l'accusa moins qu'il ne s'accusa soi-même sur la faute qu'il avait laissé commettre à son aïeule, et à laquelle il avait pris part, celle de se confier en la délicatesse d'une époque sans principes arrêtés. Il fallait pourtant prendre un parti. Hélène était devant lui anéantie, expirante, consumée et de regrets, et de remords, et de jalousie. La révélation qui venait de lui être faite, en accablant son cœur, égarait presque sa raison, et elle ne pouvait ajouter la triste douceur de douter de la véracité de son frère; il avait le mensonge en horreur, et ne s'en serait pas permis le plus léger, soit pour acquérir la plus haute fortune, soit pour sauver sa vie ou acquérir son bonheur. Il était donc certain que Lucien l'avait indignement trahie, et, dans cette hypothèse, elle se trouvait contrainte à ne pouvoir écouter sa juste fierté. Éleuthère, en la regardant avec un désespoir concentré, vit trop bien les tourmens dont elle était dévorée, et en prévoyant encore pour elle de plus grands encore, persista dans sa vive tendresse envers cette chère créature, et, loin de la frapper de reproches amers, de son courroux :

— Vous êtes malheureuse, Hélène, et vous êtes coupable, dit-il en essayant de diminuer l'âpreté de son mécontentement douloureux; c'est sans le concours de vos parens que vous avez pris un engagement funeste; Dieu veuille vous le pardonner, car quant à moi je ne m'en sens pas encore la force. Hélas! que désormais votre existence sera soumise à de rudes épreuves, et que vous commencez mal une carrière que la soumission aux volontés maternelles et que la vertu vous ouvraient si belle!... Tâchez de surmonter en apparence votre chagrin: la cause, si elle en était connue, plongerait notre aïeule dans un tel excès de peine que vous auriez à en déplorer les suites funestes. Que je sois votre confident unique, mon amitié vous répond de l'avenir, du moins en ce qui touche la réhabilitation de votre honneur.

Les larmes d'Hélène ne lui permirent point de répondre; elle demeurait remplie de confusion : humiliée de la douceur de son frère, elle espérait qu'il la punirait par les éclats de son mépris; et sa bonté si simple, lorsque de son côté elle était si coupable, devenait pour elle un cruel châtiment. Néanmoins, faisant un effort et essayant de se précipiter à ses pieds, elle voulut parler, s'accuser à son tour... Mais Éleuthère l'arrêtant et dans son action et dans ce qu'elle allait raconter :

— C'en est assez, ma sœur, dit-il; vous pouvez me faire beaucoup de bien encore, c'est de me laisser dans le doute; je désire ignorer ce qui s'est passé; je serai presque heureux de croire à une simple imprudence, à une étourderie; je vous trouve assez coupable d'avoir promis votre amour à l'insu de nous tous, et celui qui en a accepté l'assurance a grièvement failli à notre égard; tâchez, je vous le répète, de recouvrir d'un voile ce que je voudrais oublier; que ce soit là votre punition première, car vous recevrez encore de notre mère des marques d'estime et de tendresse que vous ne méritez plus.

La dureté de ce dernier propos retomba péniblement sur le cœur d'Hélène, que son innocence complète, que l'adresse de son cousin avaient entraînée sans qu'elle s'en doutât; peut-être même que sa faiblesse n'aurait pas été entière sans mille causes secondes qui s'étaient réunies en ce moment fatal; mais au milieu des sujets de désolation qui l'assiégeaient en foule, ceux dont la vivacité n'était pas la moindre provenaient de sa tendresse pour les siens et du désespoir que leur causerait une démarche criminelle qui n'aurait dû jamais flétrir l'honneur de la maison de Courtenai.

Éleuthère, instruit et voyant sous un nouvel aspect l'affaire du mariage entre sa sœur et le jeune Saint-Olben, désirait demeurer seul, afin de mieux réfléchir. Il s'approcha d'Hélène, lui renouvela des consolations dont elle avait tant besoin, quoique en agissant ainsi il lui causât une amertume supérieure à celle qu'il aurait produite par une conduite moins fraternelle, et la quitta précipitamment.

Sa pensée dominante fut d'abord de ne rien donner à la colère, d'agir avec autant de calme que de fermeté; il comprit que les règles communes de l'honneur ne pouvaient être suivies, qu'il y en avait de plus impérieuses, de mieux adaptéesaux circonstances, que celles-ci devaient être employées avant de venir à celles-là, où la force des choses ne le ramènerait peut-être que trop; il se demanda ensuite s'il fallait se donner un conseiller, soit en la personne de son oncle, soit en celle du vicomte d'Urtal ou d'un autre ami. Un sentiment de honte le retint: faire des confidences à celui qu'il choisirait pour se mettre de moitié en quelque sorte, en ce qu'il voudrait se cacher à lui-même, et il en rougirait trop, même envers son oncle; qui lui répondrait d'ailleurs que ce dernier ne voudrait pas suivre une autre voie plus violente? Il connaissait sur ce point la noble exagération des sentimens du comte de Lombel.

Il s'arrêta donc à tout garder dans le fond de son cœur, bien que cette concentration le dût déchirer davantage. Il est certain que des épanchemens de notre douleur dans le sein d'un ami qui la comprend et qui la partage, aident à sa guérison, et du moins en font supporter le poids avec plus de facilité. Eleuthère décida en outre qu'il irait trouver Lucien, non chez lui, mais dans un lieu public où il le ferait appeler, et que là ils auraient ensemble une explication devenue indispensable, et dont les conséquences ne pouvaient être toutes prévenues, car il y a dans le cœur humain des abîmes qu'on ne sonde jamais assez profondément. Il écrivit le billet suivant, que son domestique alla porter aussitôt, avec ordre de ne le remettre qu'à Lucien, afin d'en rapporter la réponse.

« M. Saint-Olben doit trouver naturel, que je persiste à vouloir compléter une conversation interrompue par les égards dus aux femmes. Je suis trop intéressé à connaître toute sa pensée, et lui sans doute ne demande pas mieux que de me fournir les éclaircissemens dont j'ai besoin : une nouvelle entrevue est donc nécessaire; nous y apporterons l'un et l'autre, je l'espère, autant de franchise que de bonne volonté. La délicatesse impose un devoir sacré auquel on ne pourrait manquer qu'en assumant sur soi toutes les conséquences, et certes ceci n'arrivera pas.

» Le temps est beau : s'il ne change point, je serai demain au café Anglais sur le boulevard Italien, à dix heures précises du matin. J'offre à M. Saint-Olben de venir y prendre avec moi une tasse de café; nous irons ensuite nous promener ensemble, mais expressément tête à tête et sans tiers indiscret. S'il pleuvait, je me rendrais à la même heure au Musée royal, dans la grande galerie. J'attends de M. Saint-Olben qu'il me fera connaître son acceptation, et que, s'il ne peut, il voudra bien fixer lui-même l'instant le plus rapproché qui pourra nous réunir.

» Je suis son serviteur très-obéissant et très-humble,

» Éleuthère de Courtenai. »

Ce soin rempli, une voix intérieure lui dit qu'il y en avait un autre peut-être plus pénible et qu'il fallait prévoir pareillement: en conséquence, il nettoya ses pistolets, examina son épée, et se livra à ce travail avec une profonde tristesse, car il possédait le vrai courage, celui qui n'a besoin de rien emprunter à l'exaltation.

On lui rapporta, trois heures après, la réponse excessivement polie de Lucien, qui se mettait à ses ordres, soit pour le premier ou pour le second des lieux indiqués. Éleuthère se coucha plus tranquille, et néanmoins le sommeil ne ferma point ses paupières tant que dura la nuit.

XXIV.

LE DÉSINTÉRESSEMENT DES JEUNES FRANCES.

Virtute ambire oportet, non favitoribus.
PLAUTE, *Amphitrion*, acte I, scène I.

Recherchons notre avancement par notre mérite et non par la faveur.

Lucien ne perdit rien de sa gaîté éphémère, de cette joie que l'on se procure en apparence sans que la moindre étincelle en brille au fond du cœur. Aussi long-temps qu'il demeura auprès d'Eugénine, cette créature malicieuse essaya de l'éblouir, de le corrompre dans ses pensées intimes, de lui représenter la haute opinion que la société de Paris prendrait de lui en le voyant débuter si brillamment par une telle aventure, celle du déshonneur de mademoiselle de Courtenai. L'apparition d'Éleuthère changea quelque peu l'effet produit par les insinuations d'Eugénine, et lorsqu'enfin il eut quitté celle-ci après l'avoir frappée dans un moment de colère, il rentra sans indécision première, et se demanda s'il ne poussait pas trop loin sa vengeance envers les parens de sa cousine.

Il hésitait encore lorsqu'il arriva au ministère, et au lieu d'entrer dans l'appartement de sa mère, il passa dans le sien, sentant que la solitude lui était nécessaire afin de bien prendre le loisir de s'interroger. Dès que Lomont le vit arriver il reconnut que son maître n'était point dans un état ordinaire : aussi tâcha-t-il de le faire parler ; il y parvint sans peine. Lucien, accoutumé à faire son confident de ce mauvais domestique, à penser, à agir d'après ses inspirations, crut en avoir besoin en ce moment plus qu'en tout autre, et il lui raconta dans les plus grands détails ce qui se passait.

Lomont, habitué à mal faire, sut déguiser sa joie féroce en écoutant le récit de Lucien. Il était néanmoins satisfait de la honte qui rejaillissait sur le baron de Courtenai, tout en redoutant que ce jeune seigneur ne le soupçonnât un jour d'avoir été le premier moteur de cette intrigue fatale; il eut même quelque frayeur de la rencontre d'Éleuthère et de Lucien chez Eugénine; mais comme elle n'avait amené aucune explication embarrassante pour lui, il se tranquillisa et parut désintéressé lorsqu'il était au fait si fort compromis.

Ce fut avec une adresse perfide qu'il attaqua l'âme du jeune Saint-Olben, qu'il chercha à lui faire concevoir l'importance de ne rien presser, d'attendre, d'éluder même si on lui reparlait du mariage proposé antérieurement.

— Si vous cédez tout de suite, monsieur, si vous n'attendez pas trois ou quatre mois encore, les Courtenai ne rabattront rien de leur arrogance, et croiront vous honorer toujours en vous accordant une fille de leur maison. Plus tard, au contraire, ils viendront humblement vous conjurer de leur sauver l'humiliation qui les attend, vous dicterez ainsi la loi au lieu de la recevoir de cette famille présomptueuse.

— Hélène alors me méprisera, et à la place de son amour j'emporterai sa haine.

— Que vous importe? Vous formez-vous la chimère que vous aimerez toujours votre femme? êtes-vous déjà si fort épris d'elle? vos affections ne sont-elles point partagées? Il me semble que mademoiselle de Merseil...

— Ne me parle pas de cette malheureuse, répondit Lucien avec impatience; elle vient de me pousser à bout, je ne sais si je consentirai à la revoir.

— Bon! prendriez-vous feu pour une bagatelle? Un mot de sa part vous a blessé; un geste de la vôtre l'en a bien puni : vous êtes quittes. Ce serait se montrer trop injuste que de persister dans votre mauvaise humeur.

Lomont en était là de son rôle d'esprit des ténèbres quand les trois jeunes républicains, amis intimes de Lucien, entrèrent subitement. Il y eut quelque chose de moins familier et de plus solennel que par le passé. Ils subissaient l'influence du local; ils venaient voir dans l'hôtel d'un ministère le fils du ministre qui en était le possesseur maintenant. Charles, le plus fougueux, portant la parole, dit d'abord:

— Ah! cher Lucien! qu'il nous tardait de te complimenter sur la justice rendue à ton père : voilà un portefeuille en bonnes mains; la patrie en retirera un grand avantage, et les amis n'y perdront pas. Nous sommes heureux de ce qui t'arrive, sois en persuadé.

— Je le crois, mes amis, répondit Lucien très-contrarié de leur venue en ce moment où il aurait désiré n'avoir pas de témoins de ce qui se passait en lui; mais à mon tour je me trouve dans une position gênante entre mes devoirs de fils et la promesse qui nous lie ensemble.

— Bon ! à quoi songes-tu, dit Théophile; ceci ne doit point te tracasser : nos principes, les tiens sont invariables; cela est certain : aussi dois-tu compter sur nous : tu y compteras, notre ami, et je me flatte que tu nous présenteras à ton digne père. J'ai une plume superbe et lui serai très-utile dans son cabinet.

— Quant à moi, dit Adolphe, je me contenterai d'une sous-préfecture; tu sais comment je monte à cheval, et qu'en fait de tout ce qui tient à l'agilité du corps on ne me présenterait guère de concurrens redoutables.

— Lucien, dit encore Charles, le *robespierriste* par excellence, il me faut une place de procureur du roi, je serai fermement attaché au ministère comme doit l'être tout bon citoyen.

— Est-ce mon père qui vous rallie à la

cause sacrée du trône? leur demanda Lucien confondu et charmé de ce changement subit d'opinion.

— Oui, sans doute, lui fut-il répondu. Que voulions-nous? la meilleure des républiques; eh bien! nous la possédons maintenant, dès que tu peux nous faire récompenser des services que nous avons rendus au roi pendant les trois journées.

— C'est un grand prince, dit Charles ensuite.

— Rempli d'habileté, et les choix qu'il fait le prouvent.

— Il est digne de notre amour, ajouta Théophile, et nous le lui manifesterons dès notre entrée en place. Mais, Lucien, nous serviras-tu chaudement?

— De tout mon cœur, messieurs.... mes bons amis, veux-je dire, j'apostillerai vos pétitions, je vous présenterai à M. Sorlerin, le secrétaire du ministre; mais il y a tant de demandes...

— La mienne, reprit Charles, ne peut être repoussée; j'ai des droits...

— Et moi donc, poursuivit Adolphe, j'ai toujours prêché la paix à la jeunesse.

Théophile alors : Je renonce à la société des *Amis du peuple*, car ce qu'on a de mieux à faire est de se rallier avec pleine franchise à un gouvernement réparateur.

— Quant à toi, Lucien, dit Charles, ton mérite t'appellera à de hautes destinées ; tu es profond.

— Tu vois loin.

— Tu as une expérience....

— Nous t'avons toujours reconnu plus habile que nous.

— Plus modeste.

— Plus vertueux.

— Rempli de zèle pour le roi.

— Dévoué à ses intérêts.

— Républicain monarchique.

Et ces trois jeunes frances jouaient déjà à la courtisannerie auprès de leur camarade, de leur compagnon de conspiration et d'étourderie, leur intérêt passant avant leurs principes, ou plutôt leurs principes n'étant autre chose que le développement de leur intérêt. Lucien, au reste, ne s'étonnait point de leurs cajoleries; elles lui paraissaient convenables, légitimes, à tel point, dès le moment de la nomination de son père, les flatteurs s'étaient emparés de lui. Il n'y avait pas sur les bancs de la doctrine *une chair de ma chair et un os de mes os* qui ne se fussent déjà prosternés non moins lâchement devant le fils que devant le nouveau ministre. Les hommes du canapé ont la vertu des courbes poussée à un degré éminent; nul ne se tortille mieux quand il s'agit de descendre afin de monter promptement. Lucien donc, enivré d'encens, commençait à se croire un homme d'importance, et ce nouveau sentiment le préparait à soutenir avec opiniâtreté la lutte personnelle qui commencerait bientôt entre lui et le baron de Courtenai.

Les trois amis le flagornaient encore lorsqu'on lui apporta le billet d'Éleuthère; il le lut devant eux sans leur en faire ses excuses, et ne put en comprendre toute la portée, ignorant les révélations qu'Hélène avait pu faire; il se demandait d'ailleurs pour quelle cause le frère de celle-ci voulait maintenant le voir lorsque ce même matin il avait paru si peu empressé à poursuivre l'explication qu'il était venu chercher auprès d'Eugénine. Il n'en trouva pas la solution satisfaisante, s'en tourmenta pourtant, et ceci au point de renoncer à un rendez-vous qu'il avait ce même soir avec Hélène, toujours dans la chambre de Thérèse Moline.

Il n'osa y venir, sa conscience lui faisant redouter ce que sa cousine lui dirait; et comme il ne pouvait encore se rendre compte à soi-même de ce qu'il résoudrait touchant son avenir, il craignait de prendre un engagement qui serait d'autant plus pénible à rompre. Il répondit au baron de Courtenai ainsi que je l'ai rapporté à la fin du chapitre précédent, et chercha, pendant le reste de la soirée, à se distraire de ses inquiétudes en la compagnie de ses amis.

Lui aussi ne dormit guère ; il rêva sans cesse à ce qui allait avoir lieu, à ce qu'il ferait : la raison lui conseillant de dénouer d'une manière sage une intrigue pareille ; et la présomption ne cessant de lui dire qu'un secrétaire d'ambassade, qu'un fils de ministre, qu'un jeune homme certain de posséder une fortune immense, ne pouvait être mis sur le pied d'un prolétaire ou d'un personnage dont le mérite consisterait dans les talens. Une pensée ne le frappa non plus : la possibilité d'une querelle sérieuse avec le baron de Courtenai, qui lui en imposait par sa vertu supérieure, quoique leur âge fût à peu près le même ; d'ailleurs il demeurait sous l'empire de la circonstance, manquant de force de caractère, et par conséquent jouet de chaque coup de vent moral.

Il fut exact au rendez-vous ; et comme il fermait la porte du café Anglais, Éleuthère s'asseyait à une table voisine. Tous les deux se saluèrent sans affectation, et point néanmoins avec trop de cérémonie. M. de Courtenai, pendant qu'on servait le chocolat qu'il venait de demander, s'informa de la santé de mesdames et de monsieur Saint-Olben.

— Nous n'avons pas été les voir encore, afin de ne pas augmenter la foule; nous leur rendrons nos devoirs lorsqu'ils se seront débarrassés de la tourmente du premier instant.

— Ce ne sera jamais assez tôt selon leur désir, repartit Lucien, et ma mère, hier encore, se plaignait de ne pas vous avoir vu, et s'en voulait de ne pas s'être ménagé une heure pour aller rendre à madame la marquise, votre aïeule, la dernière visite qu'elle avait reçue.

— On tombe dans le chaos, dit le baron, lorsque l'on entre dans un ministère : encore du moins si c'est pour le débrouiller !

— Mon père y fera son possible; les bonnes intentions ne lui manqueront point.

— J'en suis assuré : il possède l'habitude

des affaires, et le roi ne pouvait mieux choisir.

C'était de la politesse et pas autre chose; mais Éleuthère, évitant tout ce qui le présenterait travaillé par de la mauvaise humeur, souhaitait se montrer obligeant envers les Saint-Olben. La conversation roula sur ces points indifférens alors à l'un et à l'autre. Un café n'est guère un lieu où l'on puisse en entamer une sérieuse, et lorsque le déjeûner fut achevé ils sortirent et se dirigèrent par la rue aujourd'hui Laffitte, afin d'aller gagner les hauteurs non encore bâties qui s'élèvent entre le faubourg Montmartre et la barrière de Mousseaux. Dès que l'on eut quitté le boulevard, Éleuthère, prenant la parole:

— Puis-je espérer, monsieur, dit-il, que vous m'honorerez d'une réponse précise à la question que je vais vous faire?

— Il faudrait qu'elle fût bien étrange, répondit Lucien, pour que je cherchasse à l'éluder, et je n'en redoute point de cette sorte de la part du baron de Courtenai.

— Ne vous engagez point aussi vite : ce n'est pas de surprise que je veux vous prendre, mais par l'effet de votre pleine volonté. Ma manière de traiter les choses les plus importantes est particulière; vous le reconnaîtrez.

— Je sais ce que je dois attendre de vous, monsieur; j'ai la certitude que vous ne sortirez jamais de votre caractère, et dans cette confiance je vous renouvelle mon engagement.

— Alors, monsieur, m'apprendrez-vous en quelle position positive vous êtes à l'égard de la dame chez laquelle nous nous sommes trouvés ce matin?

Lucien rougit et aussitôt répliqua :

— Est-ce le point qui vous tourmente? il me sera facile de vous instruire. Il paraît que vous vous intéressez à elle, et dans ce cas....

— Monsieur Saint-Olben, soyez persuadé que ma question est très-sérieuse, je ne plaisante pas.

— Ni moi non plus, monsieur; je vous assure; je veux vous en donner la preuve par la sincérité de mon aveu. J'ai rencontré assez bizarrement madame ou plutôt mademoiselle de Merseil; nous nous sommes liés et depuis lors je vais chez elle en qualité de son protecteur du moment.

— Et cette protection remonte-t-elle à une époque antérieure ou postérieure à mon voyage à Paris?

— Aurai-je eu le malheur, repartit Lucien presqu'en riant de la pensée qui naissait dans son esprit, d'avoir marché sur vos brisées, et de votre part une liaison plus ancienne et par suite plus respectable entre vous et cette dame...

— Excusez, je vous en prie, ma réponse à ceci, répliqua le baron de Courtenai, mais je n'ai jamais approché d'une personne semblable.

— Je voudrais pouvoir me vanter comme vous d'un tel acte de sagesse : cependant, vous avez été militaire... Mais je ne vous ressemble pas : vous êtes un homme d'autrefois, quoique vous n'ayiez guère plus que mon âge, et je suis un *jeune france* dans la force du terme, penseur mélancolique et mauvais sujet, pas toutefois jusqu'à m'attirer le blâme des *fossiles* de l'époque, mais enfin assez pour éviter de devancer le temps où je deviendrai momie.

Cette double allusion à une plaisanterie moderne dérida presque le front soucieux d'Éleuthère, qui néanmoins persista à se maintenir en silence. Lucien poursuivit :

— Je dois convenir que mes premiers rapports avec mademoiselle de Merseil remontent à quelques semaines avant votre venue en cette ville : vous plaît-il encore de m'interroger à son sujet?

— Ma curiosité, monsieur, repartit alors Éleuthère, n'est qu'apparente; je vous en dois l'explication : je me serais gardé et de paraître chez cette personne, et de causer d'elle avec vous si elle ne m'en avait donné le droit.

— Le droit! répéta Lucien étonné.

— Oui! en venant chez moi sans aucunement me connaître, dans le but au moins avoué d'employer sur vous l'influence que bien à tort, certes, elle me supposait.

— Et dans quel but, s'il vous plaît?

— Mais afin que je vous portasse à une réparation qu'elle prétendait nécessaire à son honneur : celle de la prendre pour femme légitime.

— Elle, monsieur?

— Elle-même, madame Eugénine de Merseil. Il y a, je vous l'affirme, identité de nom et de personne.

— Est-ce bien possible?

— J'aurais pu me croire dans l'erreur ou trompé par le nom avant-hier au soir encore, mais hier au matin je vous ai rencontré chez elle, et dès-lors...

— C'est une folie, une extravagance de

sa part..... elle! ma femme!...... une fille.....

— C'est ce qui me semble, repartit Éleuthère froidement; j'ai eu cette opinion dès le jour où je la vis, je refusai de me mêler d'une telle affaire, mais ma loyauté me contraint à convenir que j'avais changé de pensée hier, et que ma venue chez elle était dans le but de m'entendre avec elle.

— Quoi! monsieur le baron, dit Lucien avec une stupéfaction marquée; est-ce vous qui tiendriez à me faire épouser cette créature?

— Dieu m'en préserve, monsieur! je croirais vous faire un très-mauvais cadeau, et comment un seul instant avez-vous pu présumer....

— Que sais-je? il me semble que je suis tombé si bas dans votre estime et dans celles de vos proches....

— Monsieur, lorsque les vôtres ont envoyé le vicomte d'Urtal vers nous, j'avais vu mademoiselle de Merseil, je dois vous l'avouer.

— Et c'est afin de lui laisser le champ

libre que vous m'avez honoré d'un refus! dit Lucien avec autant d'amertume que de vivacité.

— Non pas tout-à-fait, mais par crainte de l'avenir d'une personne qui nous est bien chère.

— Et Eugénine a eu l'audace de vous voir, de me calomnier, de vous parler de sa vertu, peut-être!

— Elle en a bien touché quelque chose, mais ne s'y est pas maintenue long-temps : c'est un terrain sur lequel je la suppose peu solidement établie.

— Mais, à mon tour, repartit Lucien, à qui la tranquillité moqueuse d'Éleuthère ne plaisait aucunement, m'autoriseriez-vous à user du droit que je vous ai accordé, et me cacheriez-vous quelle arrière-pensée vous animait hier?

— Je tenais à savoir quels droits vrais ou prétendus pouvait avoir cette personne.

— A quoi vous aurait été utile cette connaissance, puisque l'on m'a repoussé?

— Monsieur Saint-Olben, vous êtes libre d'épouser mademoiselle de Courtenai; ce n'est plus de ma part que viendra l'obstacle.

Une telle déclaration faite avec calme et tombant inopinément lorsque Lucien était loin de l'attendre, le plongea dans une surprise au-dessus de tout ce qu'il eût imaginé de plus étonnant; il pâlit, rougit tour à tour, regarda Éleuthère avec une confusion inexprimable, et, ne sachant ce que voulait dire ce consentement si subit, si peu prévu, il se tut, les paroles dont il se serait servi devenant trop insuffisantes à peindre l'état de son âme. Cependant, plus la situation se prolongeait, plus elle devenait embarrassante; il fallait une réponse claire, précise, le baron de Courtenai n'étant pas homme à se contenter d'une phrase évasive. Que faire? à quoi se déterminer? Lucien avait à combattre, et d'une part l'amour qu'Hélène lui inspirait, et de l'autre la petitesse d'une vanité de gens accoutumés à se grandir de toute chose, à tel point ils manquaient de vraie élévation morale; il ne songeait pas à ce que sa cousine pouvait avoir confié à Éleuthère, et, très à tort, il s'avisa de soupçonner celui-ci d'une ambition personnelle. Ce fut ce conflit de sentimens si divergens qui décida la réplique.

— Je vous rends grâce, monsieur, d'une faveur tardive, et dont certes je ne me flattais plus. Vous avez changé d'opinion sur mon compte...

— Non pas, s'il vous plaît, repartit Éleuthère blessé pareillement de son hésitation et trop fier de sa noblesse pour se voir, sans en être courroucé, contraint à rechercher une alliance qui lui paraissait si inférieure à celle que sa sœur aurait dû conclure; non pas, s'il vous plaît, répéta-t-il; je demeure dans celle que votre liaison m'a inspiré relativement à votre vie de jeune homme : je cède, voilà tout.

— Vous cédez, monsieur? c'est là une bonté par trop grande, car elle devance une nouvelle prière, bien d'ailleurs que vous fussiez en droit de l'attendre de nous.

Ceci fut dit avec une humilité tellement hautaine, et le sarcasme caché que la phrase renfermait alla frapper si droit au cœur du baron de Courtenai, que ce fut le tour de ce dernier de laisser apercevoir sur ses traits la véhémence de son mécontentement. Il avait jusque-là vaincu son orgueil de caste, sa colère fraternelle, les instigations de son honneur irrité; mais à l'instant où Lucien lui reprochait un acte susceptible d'une interprétation défavorable à son caractère, le pouvoir qu'il avait pris sur soi-même cessa soudainement; il quitta des formes bienveillantes dont l'effet n'avait pu répondre à son espoir, et rentra dans celle de la dignité: elles étaient capables de le mener loin, et avec sécheresse, répondit :

— Monsieur Saint-Olben, nous sommes l'un et l'autre dans une position où l'avantage apparent est de votre côté, où même on peut nous taxer de légèreté, d'irréflexion, mais il dépend de vous de nous rendre ce que nous paraissons perdre; voyez, décidez-vous, et choisissez.

L'ambiguïté de ces paroles étonna d'abord Lucien, et, d'une autre part, il ne lui était pas possible de douter du courage d'Éleuthère; que voulait-il donc lui faire entendre? que savait-il? Hélène aurait-elle parlé? Ce fut ce qu'il se demanda rapidement : néanmoins, pressé par la forme laconique de cette phrase, il dit enfin :

— Mes parens feront leur devoir, pourvu que vous m'autorisiez à leur communiquer le changement survenu dans vos idées et que nous ne pouvions espérer désormais.

— Je ne m'adresse point à vos parens; c'est une affaire à terminer entre nous ; et, quand on offre une fille de notre maison, il n'est pas besoin de délai pour l'accepter.

— Et pour la refuser, monsieur! s'écria Lucien, que la hauteur de cette phrase et surtout le ton mis à la prononcer exaspéra.

Éleuthère pâlit; ses yeux étincelèrent.

— Un refus est possible, reprit-il : tout l'est dans ce monde ; je présume seulement que qui l'essaie en a prévu les suites inévitables.

— Celui qui agirait ainsi serait toujours aux ordres du baron de Courtenai.

— Je me tiens aux vôtres, monsieur... A quand notre nouvelle rencontre?

— Aussitôt que vous la fixerez.

— Ce soir, à six heures.

— A cinq, si vous voulez bien; car, à moins d'être tué, je tiens à ne pas retarder le dîner de ma famille.

Cette plaisanterie inconvenante redoubla le juste courroux d'Éleuthère, qui, indigné de la conduite de son adversaire, lui dit :

— Vos armes, monsieur?

— Seront les vôtres.

— Je suis de la première force au pistolet.

— Enchanté de trouver un émule! cependant si l'épée vous est plus agréable?

— C'est mon arme.

— J'espère vous prouver que je suis digne d'en faire la mienne, répondit Lucien blessé du sens caché que le baron de Courtenai avait mis dans sa réplique; je ne suis pas noble, mais j'appartiens à ceux qui ont conquis la noblesse sur le pavé de Paris.

Ces deux personnages, qu'une susceptibilité extrême poussait à un combat auquel ni l'un ni l'autre n'avait cru prochain avant le dernier moment, convinrent du lieu de leur rendez-vous : une des carrières de Montmartre ; d'apporter chacun une épée, et de se faire accompagner par un ami; puis ils se séparèrent sans avoir eu besoin de se recommander une exactitude à laquelle, certes, ils ne manqueraient.

Éleuthère, prenant un cabriolet de place, alla chercher un officier de son ancien régiment; mais ne le trouvant point, il passa chez une autre personne de sa connaissance et ne fut pas plus heureux. Ces deux courses infructueuses le contrarièrent autant que possible; il se remettait en route pour en tenter une troisième, lorsque, du milieu de la rue, on l'appela à l'instant où il était prêt à remonter en voiture, il se retourna et reconnut le vicomte d'Urtal.

— Parbleu, lui dit celui-ci, je vous rencontre à propos, il faut, mon cher baron, que vous me donniez enfin une réponse positive sur le sujet de notre dernière conversation; il y a urgence : la femme du ministre veut sa nièce à toute force pour bru, et votre refus à tous est incroyable.

— Je ne refuse pas ma sœur à son cousin, mais si vous voulez m'accompagner à cinq heures du soir à Montmartre, vous verrez monsieur Lucien Saint-Olben se couper la gorge avec moi parce qu'il ne lui plaît pas d'épouser mademoiselle de Courtenai.

XXV.

LE BON ET LE MAUVAIS TÉMOIN.

Ubi animus semel se cupiditate devinxit malâ,
Necesse est... consilia consequi comsimilia.
PLAUTE, *L'heotonsimorumenos*, acte I, scène III.

Quand un jeune homme a contracté de mauvaises habitudes, toutes ses actions se ressentent nécessairement de cette corruption.

Le vicomte d'Urtal recula de surprise à la confidence imprévue et plus qu'extraordinaire que venait de lui faire M. de Courtenai ; il le regarda d'un air incertain et comme s'il eût douté de la véracité de ses paroles, tant il eût souhaité qu'elles fussent une mauvaise plaisanterie: mais cette sorte de badinage n'était pas un de ceux qu'Éleuthère se permettait; le vicomte ne tarda pas à le reconnaître, et, passant alors à une anxiété extrême, car, au fond il s'intéressait beaucoup à Lucien, il demanda l'explication de ce qui venait de lui être conté.

— Tout ce que je peux vous en dire, repartit Éleuthère, se résume en peu de mots: M. Saint-Olben m'a porté plainte du refus de mon aïeule, je lui en ai appris le motif, la crainte que j'avais de sa vie dissipée; là-dessus nous nous sommes échauffés, et à cinq heures nous croiserons nos épées.

— Et c'est avec ce sang-froid désespérant que vous me rapportez une semblable querelle, et je vous laisserais l'un et l'autre la conduire au bout! Non, de par Dieu, cela ne sera pas; je vais trouver Lucien!

— Il sera tard pour le rencontrer chez lui, dit le baron de Courtenai en regardant à sa montre; il est déjà trois heures et demie. Faites mieux, vicomte, je manque de second, servez-m'en.

— Contre le fils d'une vieille amie, contre un écervelé! non, monsieur. D'ailleurs je prétends à tout prix empêcher ce combat extravagant; car, au fond, vous vous entendez ensemble : c'est une vaine picoterie, un faux point d'honneur. Les Saint-Olben tiennent à la gloire d'avoir mademoiselle de Courtenai dans leur famille, et dès que la vôtre consent à la leur donner, je ne peux concevoir à quoi servirait... Mais non, vous ne vous battrez pas l'un contre l'autre, je vous assure; je m'attache à vous et ne vous quitte plus.

Éleuthère parut vivement contrarié de ce refus du vicomte d'Urtal : néanmoins il ne déclina point son intervention, et allait encore se mettre à la recherche d'un second lorsque le chevalier de Nervène, qu'il était venu chercher et devant la maison duquel il se trouvait encore, parut au bout de la rue, venant chez lui; sa présence consola Éleuthère de sa mésaventure; il l'aborda, lui apprit quel service il attendait de son obligeance, et le chevalier se hâta de le remercier d'avoir songé à lui.

Le vicomte d'Urtal, véritablement désolé de ce duel à venir, espérant le détourner, ne cessa jusqu'à cinq heures de catéchiser Éleuthère, de lui recommander une modération dont il s'étonnait de le voir sortir. Éleuthère répondait peu aux instances qui lui étaient faites, bien résolu de ne jamais faire connaître le motif réel de ce combat devenu nécessaire tant que Lucien ne s'amenderait pas : celui-ci, de son côté, ne sachant trop quelle vaine gloire l'avait entraîné dans une entreprise répugnante à son cœur et esclave de cet amour-propre, père en général de toutes les fautes humaines, avait pareillement cherché un second; il le rencontra dans Charles, son ami, étourdi de première classe, bien né cependant, mais l'un de ces nobles qui consentent à ne plus l'être, et ceci, moins par abnégation que par vanité.

Il s'était fait républicain, afin de s'acquérir cette importance qu'il ne parvenait à conquérir ni par ses qualités, ni par sa position sociale. Lucien, se réservant le secret du fond de l'affaire, s'embrouilla si bien dans ce qu'il essaya de lui conter des motifs apparens, que Charles finit par ne rien y comprendre : aussi demeura-t-il persuadé qu'il fallait faire donner raison à son ami.

Aussitôt que le vicomte d'Urtal fut arrivé au lieu du rendez-vous et qu'il aperçut le jeune Saint-Olben, il courut à lui.

—Qu'est-ce ceci, Lucien? aurai-je de vous plus de contentement que du baron de Courtenai? entre-t-il dans votre plan de conduite de débuter par vous entre-tuer avec votre beau-frère ?

— Je ne connais personne à qui ce titre soit dû. Ma sœur n'est pas engagée dans les saints nœuds du mariage et je suis encore célibataire.

— Quoi! votre désir n'est pas d'épouser

mademoiselle de Courtenai? N'est-ce pas celui de vos parens? je vous le demande?

— Il ne s'agit plus de ce qui s'est passé, repartit Lucien; on ne m'a pas voulu pour gendre dans cette famille il y a eu un temps, et aujourd'hui, c'est à charge de revanche, il ne me convient plus de me marier.

— Vous êtes un enfant; c'est vous qui faites le difficile. Dieu vous en préserve; que dirait votre mère, vos parens, nous tous?

Lucien répondit par le proverbe vulgaire que le vin tiré doit être bu.

— Un dicton ne fait pas excuser une sottise, répondit le vicomte. Vous êtes étonné peut-être de me voir ici? vous le devez à M. de Courtenai, qui me prenait pour son témoin; j'ai prétendu me constituer votre arbitre; venez, approchons-nous de lui, on finira par s'entendre.

Il entraîna Lucien, qui le suivit de mauvaise grâce, tandis que Charles murmurait déjà de ce qu'on allait mettre obstacle à un duel dont lui en particulier espérait beaucoup de réputation, car nul encore ne s'était avisé de s'accointer de son étourderie.

Les deux adversaires, les deux amis se saluèrent en silence. Le vicomte, prenant la parole :

— Messieurs, dit-il, je suis dévoué à vos deux familles déjà véritablement alliées, puisque la sœur de l'un est la cousine-germaine de l'autre. J'ai même cherché à vous rapprocher, plus encore à confondre deux maisons en une, et cela doit avoir lieu plus tard. Je crois donc avoir quelque droit à votre confiance, à votre amitié : prenez-moi pour arbitre; il me sera possible, je l'espère, de vous ramener à de plus doux sentimens.

Lucien, depuis sa naissance, était accoutumé à reconnaître une sorte de suprématie sur lui au vicomte d'Urtal, que sa mère consultait dans tous les cas d'importance et dont les conseils étaient toujours suivis; il ne concevait pas bien comment il pourrait s'y prendre pour décliner sa juridiction, d'autant plus que, si son orgueil jouissait de la démarche que faisait envers lui le baron de Courtenai, il reculait à la pensée d'en dévoiler le vrai motif. Que devait-il faire? il l'ignorait, et son incertitude le contraignit à garder le silence.

Éleuthère aussi n'était pas moins tourmenté; il tenait encore bien plus que Lucien au secret dont la révélation aurait trop compromis l'honneur de sa famille; il ne pouvait donc pas soutenir en apparence la querelle avec la chaleur qu'il se promettait d'y mettre, si Lucien ne se rangeait pas à son devoir; il se tut, son adversaire laissant à son second le soin d'expliquer le démêlé.

Le chevalier de Nervène, prenant alors la parole, dit que M. Saint-Olben ayant refusé la main de la sœur du baron de Courtenai, celui-ci avait cru lui en demander raison.

— Il y a erreur en cela, repartit Charles : M. Saint-Olben, mon digne ami, se plaint, au contraire, de ce que M. de Courtenai lui a fait une réponse négative.

— Dans ce cas, dit monsieur d'Urtal, il paraît que chacun de vous désire la même chose, puisque le duel aurait lieu pour refus opposé à une demande positive. Tâchons de bien nous placer sur un terrain égal. Est-il vrai, monsieur Saint-Olben, que j'aie été chargé par vos parens, et par votre consentement exprès, de prier la famille de Courtenai d'accorder la princesse Hélène à votre ardent désir de lui faire porter votre nom ?

— Oui, monsieur, répondit Lucien; cela est vrai de point en point.

— Et vous, monsieur le baron de Courtenai, continue le vicomte, êtes-vous changé dans vos dispositions à l'égard de ce jeune impétueux?

— Je ne m'oppose à rien, dit Éleuthère d'une voix mécontente.

— Si la chose est ainsi, je ne peux plus distinguer la cause qui vous ferait prendre les armes... Et, s'adressant aux témoins : Et vous, messieurs, quelle est votre opinion maintenant?

— Que toute discussion est disparue par les réponses que nous venons d'entendre, repartit le chevalier de Nerven ; tout prétexte au duel est enlevé.

— A moins cependant, ajouta Charles la mauvaise tête, qu'il n'y ait un motif nouveau propre à maintenir ces messieurs dans leur résolution. On parle, je crois, d'une dame dont la protection serait disputée?

— D'une dame! répéta le vicomte, je n'en ai pas ouï parler; et vous, monsieur, me paraissez bien jeune pour remplir avec la prudence nécessaire les fonctions qui vous sont confiées.

— Serait-ce de votre part, riposta Charles au vicomte, tandis qu'il enfonçait son chapeau sur sa tête à la manière des crânes de méchantton, une observation philosophique ou une provocation positive?

— Tais-toi, Charles, lui cria Lucien; irastu chercher querelle à monsieur, qui désire nous mettre d'accord et prouver par là ce qu'il n'a dit que sous forme dubitative?

Les assistans se mirent à rire, ce qui dispensa le vicomte de répliquer sérieusement; il ne donna donc aucune suite à cet incident, et revenant à leur question principale:

— Tout est-il fini, demanda-t-il?

Les deux champions baissèrent la tête; il en eut du dépit, et plus encore du chagrin. Pour cette fois il soupçonna une cause cachée; néanmoins se tournant vers Lucien:

— Vous convenez du bonheur que vous éprouverez en épousant votre cousine?

— Avant de dire ce que je pense là-dessus, reprit Lucien avec embarras, mais, soutenu par son amour-propre, et pour qu'une seconde fois je n'aie pas à supporter la honte d'un refus, il est bon d'attendre que la famille des Courtenai voie la mienne et explique complètement ses intentions.

— Voici du nouveau, repartit le vicomte réellement de mauvaise humeur; il faudra, pour vous satisfaire, que la marquise d'Armenseine vienne à genoux vous conjurer d'accepter le don inestimable de sa petite-fille.

— On nous a humiliés, monsieur, dit Lucien, et le rang que nous occupons dans le monde n'est pas tellement inférieur...

— Allons, allons, voici de la vanité de circonstance, de la gloriole ministérielle qui prend à la gorge le fils non moins que les autres. Oh! républicains! comme vous voilà superbes : n'êtes-vous pas honteux de cette extravagance? réparez-la, Lucien, ou votre conduite ne sera pas celle d'un galant homme, songez que le baron de Courtenai vous entend.

— Je sais ce que je dois aux miens et aux autres; nous n'avons pas soulevé des pavés pour maintenir l'irrégularité des rangs.

— Oui de par Dieu, la belle égalité à la manière libérale; un bon gros despotisme dur et sans urbanité... Lucien, exécutez-vous de bonne grâce.

Lucien tourne la tête ; ce fut sa réponse. Alors Eleuthère avançant d'un pas :

— Je crains, dit-il, que monsieur ne se croie violenté par votre insistance, cher vicomte ; il est convenable que je vienne à son secours ; or, je le prierai de me donner, avant tout, sa parole d'honneur que si mademoiselle de Courtenai devient sa femme, il préludera dignement à ses noces en cessant toute liaison avec madame de Merseil.

— Eh bien ! eh bien ! s'écria le vicomte stupéfait : ce monsieur n'avait donc pas tort, il y a une femme mêlée dans cette affaire. Comment vous, baron de Courtenai, cédez à de telles folies, et tous les deux êtes-vous en dispute pour autre chose que pour ce que l'on croyait ici ?

— Je le savais bien, moi, dit Charles tout joyeux.

— Quant à cette condition, repartit Lucien ; elle est inadmissible.

— Dans ce cas, monsieur, répliqua Éleuthère, ma sœur n'épousera point un homme qui conserverait une maîtresse.

— Je renonce à l'honneur tardif que les Courtenai veulent me faire.

— Il ne vous reste plus qu'à leur prouver que vous le méritiez.

— Je suis venu dans ce dessein.

— Alors pourquoi des retards?

— Je suis à vos ordres.

Et aussitôt les deux adversaires prirent des mains de leurs témoins les épées destinées primitivement à leur combat, achevant, par ce dialogue rapide et par l'acte hostile qui le suivit si brusquement, de mettre hors de lui le vicomte d'Urtal.

— Eh messieurs ! disait-il en donnant des signes de son chagrin profond.... Lucien.... baron de Courtenai... est-ce possible... des beaux-frères..... qui pourriez l'être doublement... baissez vos fers... arrêtez-vous... ce sont des enragés; et moi qui assiste à cette malheureuse rencontre; que me diront leurs familles?

— Messieurs, ne les désarmerons-nous pas?

Un geste de refus de la part du chevalier et de Charles lui prouva qu'il n'avait aucun fond à faire sur ces auxiliaires. Cependant, Lucien et Éleuthère, animés par leurs sentimens respectifs, continuaient l'attaque avec une vivacité extrême; il n'était là aucun ménagement comme il y en a dans tant de duels. L'irritation, au contraire, devenait croissante. Une adresse à peu près de même force égalisait les chances; on ne pouvait savoir qui l'emporterait.

Charles suivait de l'œil, avec un intérêt d'amateur, les pointes de chaque épée. Il aurait voulu être à la place de son ami, tant le baron de Courtenai lui semblait un digne champion. Le vicomte, au contraire, allait, venait, gesticulait, pérorant, conjurant ces messieurs d'en finir maintenant que leur bravoure était prouvée. On ne l'écoutait point..... Tout à coup il vit Lucien pâlir, chanceler, et Éleuthère reculer, tandis qu'il baissait son épée et qu'il disait :

— Vous êtes blessé, monsieur !

— Ce... ce n'est rien ; continuons.

— Voulez-vous la paix ?

— Je veux la vengeance.

Et il fit un mouvement pour se remettre en garde; mais ici ses traits se décomposèrent et il tomba de toute sa hauteur. Le vicomte poussa un cri; Éleuthère demeura morne et immobile. Les seconds coururent au jeune homme; il venait de s'évanouir. On s'empressa d'appeler du secours, de faire rechercher un chirurgien dans le voisinage. Le vicomte, désespéré, soit de ce qui venait d'avoir lieu, soit de la nouvelle funeste qu'il aurait à apprendre à madame Saint-Olben, ne put s'empêcher de quereller le baron de Courtenai, lui reprochant de s'être montré moins raisonnable que Lucien.

— Ne savez-vous pas, lui dit-il, que c'est un jeune france, et à ce titre un homme fort qui n'a pas le sens commun? Vous avez compromis les avantages du classique par une opiniâtreté conforme à la sienne.

Et le vicomte, en s'exprimant ainsi, parlait sérieusement. Éleuthère se contenta de lui répondre :

— Monsieur, donnons nos soins à votre protégé ; je les réclamerai plus tard pour moi, car cette malheureuse affaire n'est pas terminée.

— Que vous faut-il de plus, monsieur? repartit le vicomte avec aigreur ; il peut en mourir!

— Eh bien! dans ce cas, la satisfaction sera encore imparfaite.

Un gros de curieux se forma ; il y eut des empressemens extraordinaires autour du blessé. Lorsque la modestie de Charles eut laissé échapper que celui-là était le fils d'un ministre, ce fut à qui aiderait à le transporter, non au ministère, à cause de la distance, l'homme de l'art, d'ailleurs, témoignant des craintes, mais à l'hôtel Saint-Olben, situé beaucoup plus près : il s'élevait, si l'on s'en souvient, dans la rue de la Chaussée-d'Antin.

La blessure se présentait d'abord sous une apparence dangereuse. Lucien ne revenait point à lui. Charles, en cette circonstance, lui témoigna une véritable amitié. Le vicomte ne fit pas mieux. Éleuthère aurait voulu rester auprès de lui, mais le chevalier de Nervène trouva plus sage de l'emmener hors d'un lieu où déjà plus d'un assistant le menaçait d'un mauvais parti.

XXVI.

LES CARTES S'EN MÊLENT.

Il y a de certaines âmes où la douleur n'est que de la comédie;
il y a des âmes superstitieuses qui font le mal
en conviction que les astres
les y forcent.

Sagesse des Nations.

Une tâche pénible restait à remplir au vicomte d'Urtal, celle d'annoncer à madame Saint-Olben le malheureux évènement qui peut-être la priverait de son fils; il connaissait la tendresse de cette mère pour

Lucien, et à quel point elle faisait reposer sur lui toutes ses espérances; il savait que le coup à lui porter serait d'autant plus rude, qu'il anéantirait une de ses idées favorites, le mariage de ce fils chéri avec une fille issue de la plus grande maison du royaume. Un duel entre Lucien et le baron de Courtenai était sans doute la chose la plus stupéfiante qui pût arriver, et celle dont les suites seraient les plus pénibles.

Il attendit que le baron Dupuytren fût venu; il l'interrogea sur la blessure, et en tira peu de satisfaction, car le premier appareil devait être levé avant que la question pût être résolue. Le vicomte dut donc aller au ministère, où son arrivée devait rabattre une bonne partie de la joie qu'on y manifestait. En y arrivant, il demanda le ministre, non au suisse, car il était investi du droit des grandes et petites entrées, mais à l'huissier du cabinet, personnage inamovible qui depuis trente ans annonce à chaque nouvel investi du porte-feuille les mêmes amis et les mêmes solliciteurs.

— Monseigneur, lui fut-il répondu, est très-occupé.

— Monseigneur!... et les pavés de juillet! repartit le vicomte, toujours goguenard lorsqu'il ne fallait pas l'être.

— En vérité, répliqua l'huissier avec une sorte de colère, je passerais au service d'un petit prince d'Allemagne, si je ne pouvais me relever de mes fonctions, en rehaussant la grandeur de mes chefs. Pensez-vous sérieusement, monsieur, que la monarchie soit possible, si les maîtres de cette maison ne conservent au moins l'excellence, si on tient tant à leur ravir le monseigneur?

— Avec qui est donc son excellence?

— Avec son agent de change.

— Je croyais que maintenant il se reposait de ce tracas sur son caissier.

— Monseigneur fait ses affaires par lui-même; il s'en trouve mieux.

— Il faut pourtant que je lui parle.

— Il m'a interdit d'entrer lorsque M. L*** est avec lui.

— Je prends sur moi sa gronderie. Hélas! le motif qui me contraint à forcer la consigne est trop grave; nous sommes à une époque si fâcheuse....

— Monseigneur, dit l'huissier en prenant une contenance respectueuse, seriez-vous ici pour remplacer son excellence?

— Annoncez-moi, mon cher.

Et l'huissier, incertain de l'avenir, se mit en devoir de témoigner son empressement, si par cas il ne se trompait point dans sa conjecture.

— Mon Dieu, mon cher vicomte, dit le ministre, en voyant entrer M. d'Urtal, vos visites me sont toujours agréables, mais en ce moment une opération majeure me contraint à ne pouvoir vous donner audience.

Et l'agent de change se tenait droit et fier, car depuis long-temps il était pour beaucoup dans la confidence de plus d'un ministre.

— Ce n'est pas une audience ni une visite importune que je sollicite ou que je vous fais, répondit le survenant un peu piqué de la solennité impertinente du propos de ce financier ministre; je viens vous annoncer avec une profonde douleur...

— Ma disgrâce? dit le ministre en pâlissant; je devais m'y attendre; les constitutionnels francs...

— Mon cher Saint-Olben, ne vous compromettez pas inutilement; votre portefeuille vous reste, mais il y a votre fils qui n'est pas bien.

— Allons, s'écria le ministre, il aura fait du républicanisme.

— Non, mais un coup de mauvaise tête qu'il a payé d'un rude coup d'épée.

— Il est blessé?

— Sans péril, mais enfin son état exigera un traitement long et pénible.

— La funeste nouvelle! repartit le ministre douloureusement; il sera tombé sans doute en défenseur de la monarchie constitutionnelle, ou en prenant le parti de notre auguste famille royale, et victime d'un complot carliste...

— Vos conjectures ne vous servent pas, dit le vicomte encore plus impatienté; il s'est pris de paroles avec le baron de Courtenai, et un duel en a été la suite; il a reçu une blessure, je l'ai fait transporter rue Chaussée-d'Antin, à votre hôtel, où il est maintenant.

Et à la suite de ce début, le vicomte raconta au ministre ce que le lecteur sait déjà. M. Saint-Olben aimait son fils presque autant que ses fonctions politiques : aussi se montra-t-il vivement alarmé de ce qui lui était arrivé, et autant que le narrateur ne pouvait comprendre la cause de ce combat fatal. Il fallut passer chez madame Saint-Olben et quitter l'agent de change; il y eut avec lui des paroles mystérieuses rapidement échangées, des ordres donnés malgré le désespoir paternel, une sorte de promesse de hausse jetée comme par hasard, puis il entraîna le vicomte chez sa femme.

Je n'entreprendrai point de décrire la colère, le désespoir, les éclats, les larmes de madame Saint-Olben lorsqu'elle apprit l'événement survenu à son fils; elle ne voulut pas rester une minute de plus loin de sa personne, obligea son mari à laisser momentanément les affaires publiques qu'il traitait avec son agent particulier, et l'emmena avec elle ainsi qu'Athénaïs non moins affligée. Ils arrivèrent à leur hôtel. Lucien n'avait pas encore repris en entier sa connaissance; néanmoins, les suites de sa blessure ne paraissaient plus aussi mortelles, on pouvait espérer de le rendre à la vie. Le baron Dupuytren en donna l'assurance à madame Saint-Olben; elle déclara qu'elle ne quitterait plus son fils; mais le ministre, en Romain moderne, balbutia les grands mots de devoir, d'immolation aux intérêts de l'État, et retourna à son nouveau domicile après avoir établi un service de gardes municipaux entre le lit de Lucien et le cabinet du bienheureux portefeuille. Il est en France une règle jamais violée, c'est que la famille d'un homme en place est une portion intégrale de l'autorité, et que l'administration doit solder incontestablement toutes les dépenses qu'elle occasionne.

Lorsque le premier moment de trouble fut passé, lorsque l'espérance venue permit à une mère alarmée de songer à autre chose qu'à la possibilité d'un trépas funeste, madame Saint-Olben, établie dans le salon précédant la chambre du blessé, dont la solitude ne devait pas être troublée, madame Saint-Olben, dis-je, demeurée seule avec le vicomte d'Urtal, dit à celui-ci :

— Où en sommes-nous ? je vois ce qui est et ne peux le comprendre ; ce que vous me rapportez : un duel entre mon fils et le frère de sa cousine, et ceci lorsque M. de Courtenai paraissait revenir à nous...... Pourquoi alors se battre... quelle est cette femme dont on a parlé... cette double intrigue ?

— Je suis comme vous, répondit le vicomte; je me suis questionné sur ce point, sans parvenir à m'en donner une solution satisfaisante; croyez qu'il y a un fait caché et en dehors de ceci.

— Quel peut-il être? qui nous l'apprendra?... peut-être le valet de chambre de Lucien? mais où est-il? on ne l'a pas vu de toute cette journée.

Lomont, en effet, dès qu'il avait appris le résultat de l'intrigue que lui en particulier avait ourdie avec tant de malice, jugea convenable de se tenir un peu à l'écart, ne sachant ce que dirait Lucien, et craignant, s'il venait à parler, qu'on ne lui fît un méchant parti à lui-même, qu'il méritait bien; il retarda donc son retour à l'hôtel jusqu'à une heure assez avancée, ayant jusqu'à ce moment resté chez Eugénine, qui, elle non plus, ne fut pas tranquille lorsque Lomont eut été lui faire part de ce qui s'était passé.

La conversation continua sur ce point entre madame Saint-Olben et le vicomte. Ils ne concevaient pas trop ce qui avait donné lieu à cette rencontre malheureuse.

— Que deviendra désormais notre projet de mariage? demanda la dame. Comment réunir désormais les Courtenai à nous?

— Une chance favorable vous est peut-être réservée dans l'avenir, repartit le vicomte, qui n'avait garde de révéler les paroles menaçantes proférées par les deux combattans, même après la blessure faite. Il dit ensuite à madame Saint-Olben qu'il croyait convenable d'aller ce même soir se présenter à l'hôtel d'Éleuthère. Il était déjà près de dix heures, et ne pouvait retarder, sans y être contraint, de remettre sa visite au lendemain. Son projet de course fut approuvé. Il partit, promettant à la femme du banquier de revenir lui conter ce qu'il aurait vu chez les Courtenai.

Le baron Éleuthère, en quittant le lieu du combat, s'était rendu chez lui, et y parut au moment où l'on sortait de dîner. Il affecta d'abord une tranquillité que son âme ne partageait point, s'excusa sur la rencontre imprévue d'un de ses amis, le chevalier de Nervène, qui l'avait retenu fort tard, essaya de plaisanter, et le fit de si mauvaise grâce qu'on s'en serait aisément aperçu, si le moindre soupçon de ce qui s'était passé ce même jour avait pu naître en des esprits bien éloignés d'en concevoir la moindre idée.

Hélène seule, occupée de son chagrin et depuis deux jours n'ayant pas vu Lucien, examinait plus attentivement la figure de son frère. Elle croyait reconnaître quelque chose de triste, d'embarrassé; elle tira surtout un mauvais augure de l'affectation qu'il mit à se tenir éloigné d'elle. Ses regards ne le quittaient point de vue. Elle le vit enfin dire quelques mots à l'oreille du comte de Lombel, qui, bientôt après, quitta le salon. Éleuthère ne tarda pas à le suivre.

Cet acte, si simple en tout autre temps, troubla Hélène, sans qu'elle pût dire pourquoi. Il est des dispositions où la moindre singularité épouvante et intrigue, et, depuis un peu de temps, elle était dans ce funeste cas. Les minutes, longues comme des heures, se succédèrent, et ni le comte, ni Éleuthère ne rentrèrent dans le salon. Hélène essaya de n'en concevoir aucune inquiétude; cela lui fut impossible : son émotion ne fit qu'augmenter.

En ce moment le jeune Grec s'approcha d'elle. Il y avait dans ses yeux un vif sentiment d'amitié, une expression de pitié réfléchie très-extraordinaire; il prit la main d'Hélène, et dit en même temps :

— Ne pourrais-tu me conduire hors de cette pièce où j'étouffe? Oh! qu'il est déplaisant de se réunir en si grand nombre dans un espace si borné, tandis surtout que la nuit est si belle! La lune brille au ciel, accompagnée de ses belles étoiles; l'air est doux; on pourrait se croire dans la fertile Laconie, aux bords de l'Eurotas, dans ma chère patrie.

— Et tu voudrais te promener dans le jardin?

— Oui, viens-y avec moi; tu y seras mieux qu'où nous sommes.

Et l'enfant, joignant le geste à la prière, tâchait d'entraîner Hélène presque malgré elle, tant il paraissait impatient de l'emmener avec lui. Hélène cherchant à se distraire, consentit enfin à ce qu'il demandait avec cette insistance prolongée; elle se leva, et, franchissant la porte du salon ouverte sur le jardin, descendit le perron qui la conduisit dans celui-ci. Georges avait raison. La nuit était admirable; il ne faisait ni vent ni froid, et les rayons de la lune éclairaient la prairie et se jouaient à travers le feuillage renaissant. Le jeune Klephte marchait en silence, quoiqu'il regardât sa compagne avec un plaisir ardent. Celle-ci lui dit alors:

— Ne vas-tu pas courir, Georges? le lieu t'invite à tes jeux ordinaires : tu es sans doute venu pour t'y livrer?

— Non, répondit-il en donnant à ses

traits gracieux une teinte de malice extraordinaire; ce n'est pas de moi que je me suis occupé lorsque j'ai voulu te faire sortir du salon, mais de toi, ma bonne amie.

— De moi, monsieur?

— Oui, tu étais triste, ainsi que tu l'es depuis quelques jours. Il y avait sur ton joli front un nuage; la mère du chef aurait pu le voir; j'ai voulu l'éviter.

Hélène, reconnaissante de cette attention délicate, serra la main de l'adolescent, qui, poursuivant:

— Oh! ma bonne amie, pourquoi as-tu changé? Nous étions si heureux à Courtenai! et ici il y a moins de rire sur tes lèvres que de larmes dans tes yeux.

— Où voyez-vous cela, monsieur l'espion, qui êtes toujours en embuscade pour surprendre l'action la plus indifférente?

— Je voudrais me tromper, repartit Georges tristement, croire à ton bonheur actuel; cela n'est pas possible. Hélas! que ne puis-je l'assurer! je le paierais de toute ma vie!

Cette phrase fut débitée avec une chaleur si vraie, si tendre qu'elle émut Hélène.

— Un jour viendra, dit-elle, où nous serons tous heureux.

— J'en doute, répliqua Georges en secouant tristement la tête.

L'un et l'autre alors cessèrent de parler, et passèrent derrière un buisson de roses et de chèvrefeuille. Il y avait là un banc de bois d'acajou sur lequel ils s'assirent tous deux. Ils y étaient à peine qu'un bruit de pas se fit entendre auprès et contre le buisson; une voix s'éleva en même temps; elle dit:

— C'est singulier comme les cartes sont bizarres! elles ne promettaient aujourd'hui que des malheurs: oui, il y a du sang dans leur rapport.

Et la voix se tut. Georges, se rapprochant d'Hélène, lui dit de manière à n'être entendu que d'elle:

— Voilà la vieille Moline qui cause avec

les esprits.... J'ai peur, Hélène; car elle prophétise des malheurs.

Hélène aussi, cédant à une frayeur superstitieuse, n'osa ni parler, ni faire aucun mouvement que celui de mettre la main devant la bouche du jeune Klephte. Tous les deux ne changèrent plus de position. Bientôt après, la sorcière, ou prétendue telle, se remettant à continuer son monologue, dit :

— J'ai voulu voir si, en présence de l'astre des Courtenai, qui brille cette nuit de toute sa lumière (et elle faisait allusion à une étoile que, depuis des siècles peut-être, on désignait dans cette famille comme agissant de son système sur les destinées de la branche royale des Courtenai) si les cartes se maintiendraient dans leur révélation menaçante... Oui, elles tiennent toujours le même langage... Il y a du sang... il y a du sang répandu... Les deux Courtenai sont pourtant pleins de vie... Les cartes ne peuvent induire en erreur. Il y aura sous peu des larmes à verser, et un cadavre de prince à ensevelir.

Thérèse Moline mit une expression si effrayante à prononcer ces dernières paroles qu'Hélène, venant à songer à la possibilité d'une rencontre entre son frère et son cousin, se ressouvenant en même temps de l'air soucieux qu'Éleuthère avait tantôt, et de la manière dont il avait emmené leur oncle, ne douta point que la prédiction de Moline ne se réalisât, et cette pensée sinistre lui arracha un cri.

— Qui est-ce qui est là? dit Moline; malheur à qui épie!

— Malheur à toi plutôt, à toi regardant d'un mauvais œil ta noble maîtresse! repartit impétueusement Georges en tournant autour du massif de fleurs.

— Est-ce vous, mademoiselle Hélène? demanda Moline.

— Oui, moi-même... Ah! quel sort vous avez jeté sur moi!

— Vous m'avez entendue, j'en suis fâchée; mais les sorts doivent nécessairement s'accomplir. Aussi bien, examinez le ciel; voyez quelle vapeur enveloppe votre étoile.

— Cette vapeur est rougeâtre, dit Hélène en frémissant.

— Couleur de guerre! ne put s'empêcher d'ajouter Georges. Oh! en Grèce, quand on la voit flotter à l'horizon, on envoie les jeunes filles dans les rochers, car les hommes savent qu'ils ne tarderont pas à combattre.

Hélène, vivement accablée par cette suite de pronostics redoutables, chancela. Georges et Moline la soutinrent. Elle profita de ce rapprochement avec la caméristе de son aïeule pour lui dire tout bas qu'elle voudrait lui parler en secret.

Moline l'entendit, et faisant comme si elle se parlait à elle-même :

— A minuit, dit-elle, et près d'une heure du matin, quand les mortels dorment et quand les morts se réveillent au fond de leur couche étroite et humide, alors on peut se voir sans craindre une oreille ou un regard indiscret.

— Que Dieu protége ceux que la nécessité conduit alors aux routes croisées ou sous le dôme des vieilles tours, ne put s'empêcher de dire Georges le superstitieux en faisant le signe de la croix.

— Va te coucher, enfant, reprit Moline; il se fait tard, et peut-être il y a quelque maligne fée qui rôde déjà autour de toi.

— Je n'ai pas fait de mal, répliqua le Klephte avec moins d'effroi qu'on ne devait attendre de lui; on dit qu'à mon âge on ne voit que les anges; d'ailleurs il y en a un ici pour me protéger. Et il se rapprocha en même temps d'Hélène, qui, bien que vivement tourmentée, ne put s'empêcher de sourire de ce compliment de son jeune ami.

XXVII.

LES AS DE CŒUR ET DE PIQUE.

Quid sit futurum cras fuge quærere ; et
Quem sors dierum cumque dabit, lucro.

HORACE, liv. I, ode VIII.

Ne cherchons pas à savoir ce qui arrivera demain,
et mettons
à profit les jours qu'il plaît au ciel de nous accorder.

Georges achevait à peine de parler lorsque l'on entendit le pas plus pesant de deux hommes qui s'avançaient vers le lieu où étaient encore Hélène avec Moline et l'enfant. Un instinct de curiosité, peut-être un pressentiment pareil à ceux qui naissent souvent dans notre cœur sans qu'il soit possible d'en connaître la cause, engagea mademoiselle de Courtenai à demeurer immobile, et, par un geste, à commander la même retenue à ceux qui étaient là; elle fut obéie... On approcha... on s'assit sur le banc que Moline venait de quitter... c'étaient le comte de Lombel avec Éleuthère; le premier dit:

— En vérité, ce que vous m'apprenez, mon neveu, brise mon courage; j'ai besoin de me reposer.

Il y eut un instant de silence, puis le comte reprit:

— Quel malheur!... Pourquoi sommes-nous venus à Paris? Ma mère en sera frappée d'un coup mortel... Comment lui apprendre cette cruelle aventure?

— Dérobons-lui-en la connaissance tant qu'il nous sera possible de le faire, repartit Éleuthère; il sera facile de prévenir les personnes de la maison de ne pas lui en parler, et on donnera le même avis au petit nombre de celles du dehors qui viennent la voir.

Au début de cette conversatiou, le trio placé tout auprès se mit à écouter avec un redoublement d'attention; il s'éleva en même temps dans l'âme d'Hélène un sentiment d'épouvante, une terreur qui la flagella avec vivacité. La vieille Moline, plus prudente et qui déjà peut-être devinait la vérité, aurait bien voulu emmener de là sa jeune maîtresse; il n'était plus temps, à moins de faire connaître qu'elles épiaient le comte de Lombel et son neveu. Le premier, après une courte suspension de propos, reprenant la parole :

— Et il n'est pas blessé mortellement.

Hélène, qui fut aussi frappée dans ce moment d'un coup aigu quoique moral, Hélène, on le devine, Hélène, dont tout le sang se figea presque dans ses veines et qui eut besoin pour se soutenir de s'appuyer avec force sur Moline et sur le jeune Grec, à tel point elle demeura convaincue que l'homme blessé, et peut-être à mort, devait être Lucien, puisqu'Éleuthère était auprès d'elle; Hélène fit un appel à tout ce qu'elle pouvait avoir d'énergie pour demeurer capable d'ouïr la réponse de son frère, qui répliquant :

— On ne peut rien affirmer encore: il y a, vous le savez, dans ces sortes de plaies, beaucoup d'incertitude dans le premier moment.

— L'a-t-on transporté au ministère?

— Non, mais dans sa maison paternelle, rue de la Chaussée-d'Antin.

Hélène n'en entendit pas davantage, ses oreilles bruirent, un voile parsemé d'étincelles couvrit ses yeux, qui tardèrent peu à se fermer, et Moline sentit que sa jeune maîtresse perdait complètement l'usage de ses sens : tandis que d'une main elle en avertissait Georges, de l'autre elle soutenait Hélène du mieux qu'elle pouvait, car son grand âge lui enlevait toute sa force; celle-ci était prête à lui manquer, et le bruit que ferait la chûte d'Hélène ne manquerait pas d'attirer de ce côté les deux interlocuteurs, lorsque Georges, par une inspiration subite, pousse un cri, franchit la charmille, et vient se précipiter sur l'oncle et le neveu, tandis que Moline, profitant de ce tapage, dépose doucement Hélène inanimée sur le gazon.

— Qu'est ce malicieux enfant ? cria le comte de Lombel ; par de pareilles espiégleries vous m'avez épouvanté.

— C'est que je m'amuse, repartit Georges d'une voix triste, et Eleuthère, en l'examinant, s'aperçut qu'il avait les yeux remplis de larmes.

— Tu t'amuses, lui dit-il, et tu pleures ?

— Oh! non, nobles chefs! le Klephte est heureux.

Et deux ruisseaux de pleurs coulèrent le long de ses joues. Éleuthère alors le regarda avec plus d'attention.

— Tu nous écoutais, lui dit-il.

— Venez, venez au salon, la nuit est humide, répliqua Georges en leur prenant la main à tous les deux : qui sait ce que peut-être pendant le temps que vous resterez ici on contera à madame?

Madame, c'était la marquise d'Armenseine: Georges ne la désignait presque jamais autrement.

— Tu nous as entendus, dit encore Eleuthère.

— J'aurais donné ma vie pour me trouver loin de vous.

Et l'enfant recommença à les presser vivement de quitter la place: ceux qu'il tendait à amener attribuaient son insistance à son désir que la marquise n'apprît pas ce que le hasard lui avait fait découvrir, et comme on lui savait une énergie supérieure à son âge, on le gronda moins qu'on ne lui recommanda la discrétion, et Éleuthère, pour être certain qu'il n'en manquerait pas, acheva de lui apprendre ce qui s'était passé. Il y ajouta l'injonction expresse de ne rien dire à mademoiselle de Courtenai : Georges promit tout, et, dès qu'il vit ses protecteurs éloignés du bosquet, il les abandonna, se mit à courir devant eux, et comme ils rentraient au salon, lui, prenant un détour et par une course rapide, revint précipitamment au lieu où il savait trouver Hélène évanouie.

Elle gissait encore étendue sur la terre humide, à peine si sa tête relevée reposait moins durement sur le giron de la vieille Moline, saisie d'une telle frayeur qu'elle n'aurait à aucun prix consenti à appeler du secours; elle marmotait des prières et des paroles mystérieuses, auxquelles elle appliquait une grande vertu. Georges la surprit dans cette occupation magique, et un frisson le saisit, car il ne douta point qu'une puissance occulte appelée ainsi n'errait à l'entour; il y eut même un moment où il prit pour le bruit de ses ailes le bruissement léger qui agitait les arbres voisins.

Lui s'agenouilla devant Hélène, la regardant avec autant d'amour que de douleur. Il essayait d'étouffer une maligne joie qui par intervalle naissait dans son cœur; il était gai et ne pouvait complètement dompter son caractère national, et le désespoir que mademoiselle de Courtenai ressentait n'éteignait pas en lui le contentement involontaire que lui faisait éprouver la possibilité de la mort d'un homme qu'il haïssait de toutes les forces de son âme.

Thérèse Moline, ayant placé sa main sur le cœur d'Hélène, en comptait les pulsations avec inquiétude, enfin elles lui parurent reprendre une nouvelle vivacité, les joues pâles de la jeune fille se colorêrent et son corps fit plusieurs mouvemens, elle revenait à la vie lentement sans doute. En serait-elle plus heureuse, puisqu'elle allait reprendre le sentiment de la douleur! Georges épiait ce retour successif, et, plein d'anxiété, ce n'était plus qu'un chagrin qui l'accablerait avec tant d'amertume... Elle finit par ouvrir les yeux, les referma, les rouvrit encore... puis se retournant à demi, parut chercher à reconnaître où elle était... Elle acheva de se soulever lentement, s'assit sur son séant, toujours appuyée contre la vieille femme.

Tout à coup ses yeux étincelèrent; elle regarda autour d'elle avec une sorte d'égarement, et aussitôt elle dit d'une voix basse et déchirante :

— Est-il mort?

— Non, répondit Georges; il sera sauvé. Il dit ceci avec une énergie vertueuse, car une telle assurance à donner lui coûtait tant, le pauvre enfant! c'était pour lui la fermeté de Mutius-Scévola.

— Tu en es sûr?

— Oui, ma belle amie; il guérira, tu seras heureuse...

Les sanglots empêchèrent Georges de continuer. Hélène ne s'aperçut pas de sa douleur ni de son héroïsme. Elle était rassurée sur la vie de son amant, de quoi pouvait-elle s'occuper encore? Elle avait sa part de l'égoïsme de l'amour, qui concentre toutes ses affections, toutes ses pensées sur l'objet chéri ou plutôt sur cet autre soi-même.

Moline, qui conservait dans son souci de la prévoyance, et qui, par suite, redoutait qu'on ne s'inquiétât de ce que pouvait être devenue mademoiselle de Courtenai, demanda à celle ci, encore appuyée sur elle, si la force lui manquerait pour prendre le chemin de sa chambre. Hélène répondit qu'elle croyait pouvoir s'y transporter avec l'assistance de Georges, qui ne refuserait pas de la suivre. Georges, à ces paroles, ressentit un moment de joie; il n'avait pas assez d'expérience pour comprendre qu'Hélène ne savait encore qu'imparfaitement ce qui s'était passé, et que, le croyant instruit, elle tenait à tout apprendre de sa bouche.

Elle se leva avec peine, car ses membres ployaient à tel point; ils étaient agités par un tremblement nerveux. Tous les trois, marchant avec lenteur, et évitant de passer par la porte du salon, prirent celle de l'antichambre, et, par un escalier secret, arrivèrent enfin dans l'appartement d'Hélène. Dès que celle-ci y fut arrivée, elle commença à questionner Georges, qui, toujours persistant dans son sacrifice généreux, raconta de point en point les détails du duel.

Mademoiselle de Courtenai en ressentit un désespoir dont on peut apprécier l'étendue. Ce duel entre son frère et son amant, dont elle était la cause et peut-être la provocatrice, augmenta l'amertume de sa douleur. Des larmes, coulant en abondance, la soulagèrent, mais en défigurant à tel point son visage, ordinairement si candide et si pur, qu'elle ne put prendre assez de courage pour paraître chez son aïeule au moment du coucher. Il y eut force à elle d'envoyer Moline vers madame d'Armenseine l'excuser de sa part sur une violente migraine qui venait de se déclarer subitement avec tant de force qu'elle avait dû se coucher sur-le-champ, ce qui fut fait, car Hélène ne doutait pas qu'on ne vînt la visiter aussitôt qu'on la saurait malade.

La marquise ne parut point; elle aussi se sentait légèrement incommodée; mais madame d'Aubeterre, le comte de Lombel et

Éleuthère parurent peu après, suivis de Georges, qui, pour ne donner aucun soupçon, était descendu à la suite de la vieille camariste. Madame d'Aubeterre et l'oncle d'Hélène ne doutèrent pas de la réalité de sa migraine ; Éleuthère seul conçut d'autres soupçons, et, pour les éclaircir, demeura lorsque les autres furent partis. Hélène frémissait de le voir de si près, à la pensée de ce qu'il lui dirait sans doute. N'osant le regarder et cachée des rayons de la lampe à la faveur des rideaux du lit, elle se croyait plus à couvert des accens de sa voix, puisqu'il ne pourrait la regarder à son aise. C'est un sentiment assez naturel à ceux qui ont des reproches de conscience à se faire : ils redoutent plus l'expression d'un visage irrité que les reproches exprimés par des paroles de colère.

Moline s'éloigna aussi sur un geste que fit le baron de Courtenai en emmenant Georges. Alors il ne resta dans la chambre que le frère et la sœur.

— Hélène, dit celui-là, vous savez le malheur qui est arrivé?

— Oui, répondit presque inintelligiblement la jeune fille.

— Je ne vous demanderai pas comment la nouvelle vous en est venue, afin de n'avoir pas à quereller celui qui a manqué de discrétion. D'ailleurs, peut-être vaut-il mieux que vous soyez instruite.... Mon bras, poursuivit-il après un instant de suspension, a porté un coup bien funeste.

Hélène pleura; ce fut toute sa réponse.

— Ma sœur, reprit Éleuthère, aimez-moi, ne m'accusez pas; j'ai rempli, je vous le certifie, le double devoir de frère dans ce moment fâcheux; je ne mérite aucun reproche, soyez-en persuadée; mais il est des cas où toute la prudence humaine est en défaut, où on doit malgré soi sortir des bornes de la modération..... Notre duel est devenu forcé... et je ne vous ai point refusée à votre cousin.

Ces paroles, quoique dites avec un ménagement extrême, retentirent au plus profond du cœur de mademoiselle de Courtenai ; elles lui révélèrent une infortune à laquelle certes rien ne la préparait. Serait-il possible que Lucien ne voulût plus de sa main? Cette question, que rapidement elle s'adressa en frémissant, la plongea dans un état de confusion douloureuse qui lui enleva la facilité de parler, et d'insister sur une explication entière. Ses pleurs recommencèrent à couler avec une abondance extrême. Éleuthère, debout auprès de son lit, la contemplait avec une pitié extrême, et regrettait le désespoir qui l'accablait si véhément. Il ne voulut pas revenir sur le point principal, se contenta de répéter ces consolations générales, glissant toujours, sans produire aucun effet, sur un cœur malheureux. Il prétendit que Lucien guérirait de sa blessure, et que l'avenir arriverait moins pénible qu'il ne se présentait. Hélène se taisant toujours, il la quitta enfin : son usage constant d'embrasser la marquise d'Armenseine avant qu'elle fît fermer la porte, chaque soir, le contraignant à descendre chez sa respectable aïeule.

Son départ soulagea quelque peu Hélène : c'est bien assez pour une âme honnête d'avoir à gémir sur sa faute, sans avoir encore à gémir devant un tiers.

Dès qu'Hélène fut seule, elle s'abandonna à la vivacité de ses regrets, à ses conjectures, à toutes les pensées déchirantes qui ne lui manquèrent. Elle ne pouvait se faire à l'idée que Lucien aurait changé envers elle; que dorénavant ce serait de sa part que viendraient les refus. En avait-il le droit? n'était-il pas lié par ces nœuds que rien ne peut rompre? son honneur, celui de mademoiselle de Courtenai n'étaient-ils pas confondus ensemble sans retour? et néanmoins, il ne tiendrait pas ses engagemens ! il tromperait celle qui eut tant de confiance en ses paroles! Oh! non, ceci était impossible, et certainement n'arriverait pas.

Hélène resta ainsi oppressée et en proie

au chagrin le plus violent jusqu'à ce que minuit sonnât. Le sommeil n'approchait pas de ses paupières lassées; elle veillait pour souffrir et se plaindre lorsqu'elle entendit ouvrir doucement la porte de sa chambre. Son effroi, dans toute autre circonstance, eût été extrême, mais dans celle-ci son cœur ne s'émut pas. Elle attendait la visite de Thérèse Moline, et crut que cette femme venait. C'était elle en effet, habillée comme pendant le jour, mais portant par dessus ses robes et ses coiffes une mantille ample qui la couvrait complètement. A peine si, à travers le coqueluchon un peu entr'ouvert, on distinguait d'une manière imparfaite sa figure pâle et terreuse, ses lèvres minces et décolorées, ses yeux enfoncés et néanmoins encore brillans. Elle tenait d'une main un bougeoir qu'elle posa sur la commode, et dans l'autre il y avait un jeu de cartes. Elle avança à pas lents, avec précaution, après toutefois avoir fermé la porte et poussé le verrouil; puis elle dit à Hélène, qui s'était soulevée sur son coussin pour mieux la recevoir :

— Ne parlons pas à voix haute ; on peut nous entendre. Savez-vous qui dort en forme de sentinelle sur le repos du degré ? Georges le Klephte, enveloppé dans une grosse couverture de laine. Le pauvre enfant croit vous servir de garde, et, dans son sommeil, il rêve qu'il est éveillé et prêt à vous servir.

Hélène, touchée de cette nouvelle preuve de tendresse de la part de cet adolescent, demanda qui l'avait autorisé à cette sorte de service.

— Personne, sans doute, répondit Moline ; il ne demandera avis de qui que ce soit pour faire de pareils coups de tête : c'est bien un Grec indépendant. Mais, ma chère demoiselle, laissons cet étourdi ronfler, et méfions-nous de ses oreilles : nous avons à traiter un sujet plus important.

Moline s'arrêta, se mit à regarder tout autour de la chambre ; puis, prenant une chaise, s'assit contre le lit. Hélène la regardait faire avec une attention toujours croissante, surtout lorsqu'elle eut vu qu'elle étalait le jeu de tarot sur les couvertures. Moline alors, achevant de baisser la voix :

— Les cartes ne sont pas bonnes ; elles m'impatientent, me troublent; elles ne sont plus favorables à la grande maison de Courtenai... Je ne sais quel malin génie les brouille quand je les arrange. Il y a dans le sort des malheurs et toujours du sang.

— Mon Dieu ! est-ce vrai ? dit Hélène avec une voix accentuée de terreur et tandis qu'elle joignait ses mains.

— Trop vrai, mademoiselle ; et les cartes, vous le savez, ont toujours raison. C'est pour la dixième fois que je les fais depuis tantôt: eh bien ! elles redisent toujours la même chose. Voilà un homme brun qui vous aime; mais il y a là un homme de la campagne qui lui donne de mauvais conseils. Il marche d'accord avec cette dame de trèfle, personne de mauvaise rencontre. Voici les piques qui la suivent ; elles environnent cet as de cœur. C'est du fer, c'est du sang... Vous pâlissez... Ne vous épouvantez pas. Est-ce qu'une Courtenai doit avoir peur?

— Puis-je demeurer indifférente, répondit Hélène, aux catastrophes que vous prévoyez?.. Le sang déjà n'a-t-il pas coulé?

— Oui, et le sort a déjà pareillement rempli son fatal office, repartit Moline d'un ton sépulcral. Qui sait ce qu'il doit faire encore?... Les cartes sont là;... elles tiennent le même langage : ceci finira mal.

Hélène, à ce pronostic funeste, frémit encore; puis tout-à-coup s'exprimant avec fermeté :

— Je veux voir mon cousin; il faut que je lui parle. Si j'en crois mon frère, et quelle créature humaine mérite plus de confiance! mon cousin ne veut pas m'épouser.

— De tous les maux dont vous pouvez être frappée par la volonté du ciel et par l'influence des cartes, repartit Thérèse Moline en riant, celui-là, je le proteste, est le dernier qu'une princesse de Courtenai ait à redouter. Vous, mademoiselle, vous seriez repoussée par un Saint-Olben! Voici nombre de siècles pandant lesquels de grandes calamités ont atteint votre haute famille; mais jamais on n'a ouï dire qu'on n'ait pas reçu à genoux la main d'une de vos ancêtres. Que ceci ne vous tourmente pas... Si cela était!... (et, chose étonnante, les teintes verdâtres des joues ridées de Moline se colorèrent soudain.) Non, cela ne peut être; dormez en repos.

—Je vous le répète, Moline, mon frère me l'a fait entendre, et il est important que je m'explique avec Lucien.

Moline se leva; elle dit :

— Serions-nous parvenus à boire jusqu'à sa lie l'amertume d'un tel calice! Mademoiselle de Courtenai ne serait pas certaine d'être épousée par un homme de ce qu'on appelle la France nouvelle! Plaise à Dieu qu'elle et son noble frère soient en erreur!... Mais, comme vous le dites, le doute est affreux; car, quant à moi, c'est un peu plus que la mort qu'une pareille incertitude... Comment voir de long-temps ce jeune homme! Il est frappé par un Courtenai : ils ont la main sûre dans votre famille!

Hélène frissonna, puis répondit :

— Il est aussi mon parent.

— Par votre mère.

— Et ne suis-je pas du sang de celle-ci?

— Vous êtes une princesse ; il est le fils d'un banquier... N'importe, il est votre parent, comme il vous plaît de le dire. Eh bien!...

— Si j'allais chez sa mère?

— Lui demander grâce, vous!

— Si elle me conduisait auprès de lui.

— Oh! quel triomphe pour ce monde! ils deviendraient vos égaux.

— C'est ma tante, c'est mon cousin-germain.

— Non, vous n'abaisserez pas ainsi le grand nom que vous portez. Ils viendront à vous les premiers. Laissez-moi faire..... Consultons les cartes.

Moline se mit à l'œuvre, et le jeu ne vint point à son contentement. Elle ne put se dissimuler qu'un obstacle sinistre contre-carrait ce qu'elle aurait voulu diriger. Une dénégation complète lui était donnée par cette magie folle qu'elle écoutait avec tant de foi. Cependant, bien qu'il lui fût impossible de taire entièrement ce que le tarot lui présentait de sinistre, elle en déroba une portion à la jeune fille; ensuite elle dit :

— La nuit cache d'étranges folies; je vais en faire une dont, certes, ce matin je ne me serais pas cru capable. Dormez, mademoiselle, si vous le pouvez. J'espère, au jour naissant, vous apporter de bonnes nouvelles.

Moline et Hélène poussèrent ici un cri de terreur. Deux cartes venaient de s'échapper au jeu et de tomber sur le tapis de pied, et c'étaient les as de cœur et de pique!

XXVIII.

LA CHAMBRE D'UN JEUNE HOMME BLESSÉ.

Les hommes sont
cause que les femmes ne s'aiment point
LA BRUYÈRE.

Lorsque Lucien put reconnaître d'une manière positive sa situation actuelle, les personnes dont il était environné, et se rappeler nettement les circonstances de son duel de la veille, aussitôt son sang redoublant de vivacité se porta rapidement à son cœur. Il se vit revenu dans une chambre qu'il n'habitait plus depuis quelque temps, enveloppé de bandages humides, souffrant des douleurs aiguës, et en la compagnie d'un chirurgien chargé par M. Dupuytren de le veiller, et en celle de Lomont et d'une garde. Son regard se prolongeant vers la pièce voisine, dont la porte était entr'ouverte, put y distinguer, à la clarté des bougies qui l'illuminaient, sa mère et le vicomte d'Urtal : chacun assis dans un fauteuil, se taisant ou goûtant peut-être un sommeil sans douceur ni repos. Il se sentit hors d'état de se remuer, à tel point sa faiblesse était extrême.

Le jeune chirurgien, faisant attention au mouvement de ses yeux, se mit le doigt sur la bouche, afin, par ce geste usité, de lui recommander le silence en joignant l'exemple au précepte. Lucien étonné, et quelque peu effrayé peut-être, se conforma à l'avertissement. Lomont, devinant par l'action du praticien que son maître avait repris ses sens, crut qu'il ne pouvait trouver d'occasion plus favorable pour se bien remettre dans l'esprit de madame Saint-Olben; il se hâta de courir vers celle-ci, afin de lui annoncer cette bonne nouvelle. Le chirurgien comprit son intention, et, se doutant des conséquences, se plaça en travers de la porte, dont il défendit le passage à une mère transportée du besoin d'embrasser son fils qui lui était rendu. Il la conjura de se contenir, lui expliqua le danger que pourrait occasionner une émotion trop vive au blessé, et parvint, à l'aide du baron d'Urtal, à suspendre un peu l'explosion de sa joie et à lui faire entendre le langage de la raison.

— Que vous faut-il de plus? dit le baron : il vit, il revient à lui, il vous sera rendu; modérez-vous, ayez de la patience; tout s'accommodera, je vous l'assure. Les dispositions des Courtenai sont excellentes; ce qui s'est fait passera seulement pour un malentendu.

Il avait vu, la veille au soir, le comte de Lombel et Éleuthère, après que ce dernier était descendu de chez Hélène, et il en avait obtenu des promesses positives, pourvu que

Lucien se rangeât à son devoir. Madame Saint-Olben demanda qu'au moins la porte ne fût pas fermée, et qu'à l'aide de l'ouverture large des deux battans elle pût voir le lit et son fils à la fois. Il fallut lui accorder cette satisfaction.

Lucien avait vu distinctement cette espèce de combat; il en fut touché, mais moins qu'il l'aurait été si sa mère eût su le faire mieux aimer. Déjà une pensée l'occupait, une pensée toute de colère contre le baron de Courtenai, son vainqueur; un amour-propre ridicule ajoutait à son dépit, la honte d'avoir rencontré une lame supérieure à la sienne: ceci le désespérait et en même temps aigrissait son caractère d'enfant gâté. Il aimait éperdument sa cousine, et toutefois il trouvait encore une volupté plus ample à l'humiliation des Courtenai; elle pourrait seule diminuer celle dont l'issue du deuil le couvrait selon sa pensée.

A minuit, le docteur revint; on leva le premier appareil; la blessure se montra sous un aspect satisfaisant : on pouvait répondre de la vie de Lucien. Avec quel délice madame Saint-Olben entendit prononcer cet arrêt favorable ! comme elle remercia M. Dupuytren ! On ne put, cette fois, la priver de parler à son fils, de pleurer dans ses bras, de le gronder, de l'embrasser à diverses reprises. Lui, conservant son immobilité et à qui il était défendu de rien dire, se contentait d'exprimer sa pensée par le mouvement de ses yeux.

Il était une heure lorsque madame Saint-Olben consentit à aller se coucher, non au ministère, mais dans son ancien appartement. Le vicomte ne l'y décida qu'en s'engageant à ne pas s'éloigner du malade, et en effet il demeura dans le salon auprès d'un grand feu; car les nuits étaient froides, quoique l'hiver fût passé. Le jeune chirurgien de garde prit place sur un fauteuil à ses côtés, et bien qu'il eût la ferme volonté de ne pas fermer sa paupière, bientôt un sommeil irrésistible, principalement à son âge, s'empara de lui en même temps que de M. d'Urtal.

Lomont seul resta les yeux ouverts. Trop de chocs étaient livrés dans son cœur par les passions tumultueuses, pourque le repos pût aussi l'atteindre. Il allait et venait du lit de son maître dans l'antichambre; car les portes diverses demeuraient ouvertes par ordonnance du docteur et en crainte d'une atmosphère trop élevée, dont la chaleur est si contraire aux blessures.

Lomont avait ample matière à réfléchir: le passé avait tourné en partie selon ses désirs; mais il n'aurait pas voulu que Lucien eût succombé. Il redoutait aussi des explications qui lui seraient funestes. Enfin, il n'avait pu s'empêcher de promettre à Eugénine qu'il l'introduirait, au milieu de la nuit, dans l'appartement du jeune Saint-Olben, où, bien qu'elle ne respirât que le désir de la vengeance, elle tenait à venir, afin d'opérer un rapatriage apparent que ses intérêts lui commandaient de toutes les manières.

Elle avait compris l'étendue de la faute qu'elle avait commise, et voulait la réparer s'il était possible.

« Je le punirai doublement, disait-elle, de son outrage grossier, en obtenant mon indépendance à venir de sa faiblesse prodigue, et en le séparant à jamais de la femme qu'il me préfère, et que certes il n'épousera jamais ! »

Elle était donc sortie de sa maison vers une heure et demie du matin, vêtue en amazone, coiffée avec un bonnet rouge, et enveloppée dans un vaste manteau d'homme à cordelière d'or et garni d'une magnifique fourrure. Sa taille prêtait, d'ailleurs, une apparence de réalité à ce déguisement; un fiacre la conduisit en face de l'hôtel Saint-Olben.

Le concierge lui disputa d'abord le passage; mais elle se réclama de Lomont, se dit *ami intime* de Lucien, et, lorsque le concierge l'eut reconnue pour *une amie* de son jeune maître, il n'osa plus l'arrêter, et lui permit de franchir cette barrière. Il la conduisit même jusqu'à la première antichambre, afin de lui enseigner le chemin qu'elle ne savait pas. Lomont la reçut un peu moins troublé, depuis que madame Saint-Olben était rentrée chez elle pour se coucher. Ce n'est pas qu'il n'eût quelque frayeur de la présence du vicomte d'Urtal, mais il espérait en le sommeil de celui-ci.

Il annonce donc Eugénine auprès de Lucien, ayant eu toutefois le soin de le prévenir de cette visite inattendue. Lucien n'avait rien répondu; car, dans ce moment, la démarche de mademoiselle de Merseil lui était au moins indifférente, le propos insultant qu'elle avait tenu l'ayant singulièrement refroidi à son égard. Cependant, et en vertu de l'amour-propre si facile à prendre le change, il éprouva une sorte de plaisir de la démarche de cette belle personne, qui paraissait prouver au moins sa tendresse.

Eugénine, habile à jouer son rôle, l'aborda avec toute l'apparence d'une violente émotion: les traits contrastés, les mains tremblantes, les yeux noyés dans les larmes, la parole saccadée et soupirante; en un mot, véritablement ce qu'on appelle sous les armes. Elle se précipita à genoux devant le lit de son amant, prit l'un de ses bras qu'elle couvrit de baisers, et d'une voix souffrante lui exprima toute la douleur qu'elle ressentait de cet événement funeste.

Lucien pouvait peu parler; il ne répondit que par des mots entrecoupés de silences forcés. Il fut plus galant que tendre, et la courtisane usagée devina qu'elle avait perdu sans retour l'empire momentané qu'une passion éphémère lui avait procuré sur l'esprit de Saint-Olben. Ceci ne changea rien à ses projets secrets de colère et de vengeance.

Tandis que cette scène se passait avec ses différens aspects, Lomont, debout, au milieu de la chambre, surveillait le sommeil de M. d'Urtal et du chirurgien, afin de faire partir Eugénine par la porte particulière des garde-robes qui aboutissaient à un petit escalier de service intérieur. Il portait un regard machinal vers les deux antichambres, qui, par la disposition de l'appartement, n'étaient pas en enfilade de la pièce, dont on avait fait un salon, lorsqu'il aperçut, à la clarté douteuse des lampes, une manière d'ombre qui se mouvait, s'avançant d'ailleurs d'un pas mesuré et solennel; il eut presque frayeur de cette apparition; car quel autre nom donner à la forme enveloppée et mystérieuse qui frappait son regard. Il crut même voir la main d'un squelette sortir de la mante dont le fantôme était enveloppé, à tel point elle lui parut pâle et décharnée. Cet objet s'arrêta sur le seuil de la porte de la chambre de Lucien, et fit signe à Lomont de venir à lui : Lomont en trembla. Le propre des coupables de sa sorte est d'avoir autant de superstition que de scélératesse. Il ne sut pas désobéir; et, quoique son cœur battît d'une étrange sorte, il répondit à l'appel qu'on lui faisait. En approchant, il crut reconnaître une femme dans cet être ainsi empaqueté. Bientôt celle-ci écarta les plis du capuchon qui couvrait sa figure, et alors Lomont put reconnaître Thérèse Moline. Il n'en fut pas plus rassuré, bien que son trouble changeât de motifs. Tout ce qui sortait de chez les Courtenai lui était suspect et lui inspirait une crainte légitime. Il s'avança donc, et d'une voix émue s'étonna de la démarche de la vieille camariste, lui témoignant tout bas sa surprise de la voir en lieu pareil à heure si indue.

— Il est de mon devoir, répondit-elle avec un profond accent sépulcral, de chercher à réparer le mal dont en partie je suis la cause. Les cartes, Lomont, ne nous trompent jamais : eh bien! depuis tantôt que je les ai encore tirées, elles annoncent, pour l'avenir de nous tous, des malheurs plus grands que ceux déjà passés. Ils ne seront pas épargnés plus à toi qu'aux autres; fais-en ton profit, et tâche de les détourner, si cela est possible; car le grand jeu est inflexible : il n'est arrangé que par la volonté du destin.

Ce fut en frémissant que Lomont écouta cette prophétie menaçante. Le misérable, certainement, ne croyait pas en Dieu, et n'osait douter de la puissance des cartes. Il se moquait parfois de Moline, et plus souvent la regardait comme investie d'une connaissance supérieure à celle des personnes de son sexe et de sa condition. Ce qu'elle disait, d'ailleurs, ne se rapportait que trop avec ses prévisions de l'heure présente; aussi, ce fut avec épouvante qu'il lui demanda quelque éclaircissement.

— Ce n'est pas ici, répondit-elle, que je te les fournirai, le temps nous manquerait; mais si tu es sage, tu les réclameras plus tard de l'ancienne amitié que je portais à ta mère. Je ne viens maintenant que pour savoir des nouvelles de ton maître et pour l'examiner sur son lit de mort.

— Sur son lit de mort, dites-vous? répéta Lomont dont les joues pâlirent... Demoiselle Moline, rétractez ce pronostic dangereux: est-ce que monsieur ne relèverait pas de sa blessure?

— L'as de pique, tout hier au soir, a poursuivi l'as de cœur ; et ici Thérèse Moline abaissa un peu plus la voix. Apprends que la fois dernière où j'ai fait le jeu, l'un et l'autre s'en sont détachés et sont tombés ensemble sur le parquet.

— Est-ce possible ? s'écria Lomont, et tout son corps frissonna en même temps.

— C'est, de point en point, comme je viens de te le dire. Il y a, en outre, un homme de campagne qui joue dans ceci le rôle d'un traître.

— Eh bien ! dit le valet plus effrayé.

— Eh bien! lui aussi mourra.

— Que satan en dispose d'une autre manière !

— Serait-ce toi ?

— Mon bon ange m'en préserve, moi, demoiselle Moline; j'aime trop les Courtenai et mon maître.

Moline alors demanda des nouvelles de celui-ci ; puis ajouta :

— Il y a une femme qui est encore une pierre d'achoppement. Les cartes la signalent...... Mais, que vois-je? poursuivit la demi-sorcière, et elle venait de jeter un regard vers le lit de Lucien : en voilà une qui n'est ni madame Saint-Olben ni sa fille... Lomont, tu es l'homme de la campagne; j'en ai maintenant la preuve, et tu auras sa fin.

— Non, non, répliqua celui-ci avec horreur! non, cette prédiction ne s'accomplira pas, les cartes mentiront.

Moline le regarda avec un mépris ironique; puis elle dit :

— Tu nous as trompés, tu as trahi les Courtenai : fais souvent désormais ton acte de contrition, car il ne te reste pas de longs jours à passer sur la terre; la tombe te réclame, et avant peu tu y dormiras sans retour.

Une augmentation de pâleur et d'effroi couvrit la figure du domestique réellement consterné. Il ne fit toutefois d'autre réponse qu'un gémissement sourd et prolongé. Moline, alors, le poussant avec une force supérieure à celle des femmes de son âge, l'obligea de lui livrer le passage, et s'approcha, sans néanmoins hâter son pas, du lit auprès duquel Eugénine demeurait toujours à genoux. Lucien alors la vit, et sa présence lui causa une émotion extrême. Elle se plaça devant lui, courbant la tête pour mieux se faire entendre, mais conservant son corps droit.

— Jeune homme, dit-elle en donnant à ses paroles une expression solennelle, avez-vous oublié si vite le serment que vous avez fait et à qui votre parole vous engage? Il y a autour de vous des élémens d'infortune prêts à vous atteindre non moins que d'autres. Le fils d'un ministre, à l'époque actuelle, n'est pas grand'chose en présence des antiques et royaux Courtenai. Vous ne vous appartenez plus; songez-y bien. Sachez aussi que lorsqu'on manque à une fille de notre maison il n'est plus possible de manquer ensuite à une seconde, car on a cessé d'exister... ceci finira mal. Oh! quelle indigne ri-

vale est donnée à ma noble maîtresse !......
Vous reverrez les Courtenai !

Moline, ayant achevé ce discours de menace, s'éloigna, et ses yeux, qui rencontrèrent ceux de Lomont, leur lancèrent un éclair si aigu qu'il en trembla dans tout son être. Lucien, confondu, intrigué, irrité, éprouva de cette déclaration un redoublement de fièvre morale qui rendit moins satisfaisant son état physique. Eugénine le reconnut d'abord, et, toute joyeuse de ce qui venait de se passer et de la certitude que sa rivale pleurerait de son triomphe, se mit en mesure de partir, aussi pressée qu'elle en fût par Lomont, plus qu'à moitié égaré, et impatient d'ailleurs de réveiller le chirurgien endormi en la compagnie du vicomte d'Urtal.

Lucien vit Eugénine s'éloigner sans beaucoup de peine. Le délire recommença peu après à le saisir. Le jeune docteur en témoigna de l'inquiétude ; il l'avoua au vicomte. Celui-ci demanda s'il fallait envoyer quérir le baron Dupuytren : le docteur ne crut pas la chose nécessaire, il dit seulement que pourvu qu'on fût l'attendre à sa maison pour l'amener entre sept et huit heures du matin, ce serait suffisant.

Lucien cependant se mit à prononcer des paroles incohérentes, à nommer Eugénine et mademoiselle de Courtenai, à accuser d'orgueil la famille de sa cousine, à parler de combat, de vengeance; son état empira dangereusement. Madame Saint-Olben retomba dans ses inquiétudes premières. Son mari vint à son tour faire le père affligé; mais, à l'heure de l'ouverture de la Chambre des députés, il partit peiné sans doute de voir son fils dans une crise grave, mais non moins impatient d'aller défendre son ministère, dont déjà on attaquait vivement les opérations.

Ce banquier parvenu commençait la vie d'angoisses et de tortures de ceux qui l'avaient précédé. Les trompettes déchirantes de la presse retentissaient cruellement après lui ; ce n'était plus cette unanimité d'éloges qu'on lui prodiguait naguère dans ses bureaux et dans ses salons à la suite des dîners somptueux qu'il donnait : ici encore les flatteurs ne lui manquaient pas, mais les détracteurs non plus ne lui faisaient faute; on le persiflait, on le persécutait sur ses actes, ses projets, ses mesures, ses propos son silence ; on ne laissait à l'écart ni sa vie privée, ni ses amitiés, ni ses répugnances; on lui reprochait très-libéralement l'obscurité de sa naissance, ses moyens de fortune, ses spéculations; il était bien heureux, celui-là, de n'avoir point prêté sur gage de diamans, car certes on eût fait une dure sortie relativement à ceux si magnifiques de sa femme, que, par bonheur, il n'avait pas acquis à l'enchère par suite d'un dépôt usuraire.

M. Saint-Olben, accoutumé à la fumée d'un encens quotidien et sans mélange impur, ne pouvait se faire à la rigueur actuelle qu'on manifestait à son égard. Les dix mille voix qui le cajolaient encore étaient toutes étouffées par celles de deux ou trois gazettes dont les rédacteurs le flagellaient chaque matin. Ce blâme, ces critiques devenaient pour lui des calomnies abominables, des mensonges atroces; toute opposition l'irritait, le mettait dans une fureur douloureuse et plaisante; son orgueil se demandait avec inquiétude s'il n'était plus cette divinité impeccable devant laquelle naguère et de si bonne foi on se mettait à genoux. Il se croyait toujours le plus habile de l'époque, le plus ferme, le moins ambitieux; sa confiance en soi-même, en son génie ne diminuait pas, et par suite il s'indignait de la malice de ses ennemis, persistant à ne pas lui rendre la justice due à ses grands talens administratifs (il n'en avait point), à sa probité complète, et il jouait à la bourse, et il faisait jouer sous main un caissier, espèce de plastron des diverses excellences, vrai fripon, et qui n'avait rien de commun avec ce vertueux Kessner dont *le Moniteur* a fait un si touchant éloge le lendemain du jour où on l'a trouvé la main dans le sac.

Le ministre subissait le sort de ses pareils. On a encore en France le droit, à ses risques et périls, de siffler les gens en place, et, comme M. de Pourceaugnac, de leur dire leur fait.

XXIX.

L'HONNEUR DE LA MAISON.

Omnes honor bonasque accurrare addecet;
Suspicionem et culpam ut abse segregent.

PLAUTE, *Le Trinum*, acte I, scène II.

Toute personne honnête
doit avoir soin d'éloigner de soi, non-seulement le crime,
mais jusqu'au moindre sujet d'en
être soupçonné.

Hélène de Courtenai apprit, vers trois heures du matin, que Lucien Saint-Olben ne courait aucun danger de sa blessure ; elle ne fit pas attention à l'inflexion sinistre que

Moline mit à prononcer cette phrase, ne s'attachant qu'au fait du retour présumé de son cousin, à sa santé; elle aurait voulu avoir une assurance de sa tendresse, et lorsqu'elle questionna sur ce point la vieille émissaire, il lui fut seulement répondu que la défense expresse du médecin n'avait pas permis à Lucien de parler, que le silence était maintenant une des conditions de sa vie : force fut de se contenter de cette raison. Elle espéra qu'on le calomniait dans son inconstance, et que plus tard Lucien s'occuperait de la rassurer plus complètement encore.

A sept heures précises le baron déjà levé reçut une lettre aussi mal ployée que mal peinte; elle manquait d'orthographe et n'était pas signée, ce qu'il reconnut d'abord. Un premier mouvement le porta à la déchirer au lieu d'en prendre lecture. Il eut le malheur de ne pas céder à cette inspiration du ciel... A mesure qu'il lisait, ses joues et ses yeux étincelaient; les unes d'une rougeur empourprée, les autres d'un feu terrible. Ses mains tremblaient, ses dents grinçaient et se serraient avec force....... Il eut besoin de s'asseoir, et pour cette fois la colère violente allumée dans son âme commença par s'assouvir sur ce papier funeste qu'il froissa, qu'il broya, qu'il jeta avec autant de désespoir que d'horreur; puis, par un mouvement machinal, il s'élança vers sa commode, en sortit avec précipitation une paire de pistolets, ceux dont la veille il ne s'était pas servi; puis il courut à son épée, l'accrocha à sa ceinture... s'arrêta, réfléchit et jeta impétueusement sur un meuble cette arme qu'il arracha de sa place naturelle, et lui-même fut s'appuyer contre la muraille en cachant sa figure dans ses mains; elle avait pris une expression effrayante; il n'était plus à lui. L'atroce nouvelle que ce message anonyme venait de lui apprendre l'accablait, l'écrasait de tout point; il se voyait sans honneur, sans gloire, et n'osait plus se dire un Courtenai.

Il demeura long-temps dans cette posture

de honte; il craignait de s'apercevoir dans les glaces qui décoraient la chambre; il rougissait de lui-même, il rougissait... Oh! tant de malheur et d'indignité devaient-ils être réservés à sa famille !

Un soupir douloureux d'une personne qu'il ne soupçonnait pas auprès de lui dans ce moment le tira enfin de sa rêverie pénible; il se releva, se retourna brusquement, et vit devant lui Thérèse Moline aussi pâle, aussi défaite qu'il pouvait être lui-même, l'œil pensif, la contenance morne, immobile, comme c'était son usage, dès qu'elle s'abandonnait à des pensées pénibles, dès qu'elle rêvait à la fortune des Courtenai.

Éleuthère, surpris de sa venue et surtout de la solennité de son maintien, lui en demanda la raison avec impatience; puis, se reprenant au souvenir de son aïeule, s'informa de celle-ci et si elle le faisait appeler. Moline, tandis qu'il parlait, le regardait avec une anxiété extrême; elle examinait cette noble figure renversée à un degré d'altération peu commun. Certes, la cause n'en pouvait être que majeure, et Moline, bien que déterminée à faire au baron de Courtenai des révélations étranges, s'épouvanta, pour l'honneur de la maison, que d'autres en fussent déjà instruits et l'eussent devancée auprès du chef dernier de cette race si respectable; elle répondit pourtant :

— Madame est tranquille..... Dieu veuille que cette paix ne soit pas troublée! Madame a tant souffert pendant sa longue carrière que ce serait injuste à la Providence d'empoisonner les approches de sa fin.

Elle s'arrêta. Éleuthère reconnut visiblement l'effort extrême qu'elle faisait pour continuer.

— Monsieur le baron, dit-elle, vous sortez d'une race malheureuse! elle a perdu des grandeurs, des richesses immenses, des couronnes; il ne lui restait que son honneur...

Moline s'arrêta encore, puis ajouta d'une voix caverneuse :

— Et on le lui a ravi!

— Je le sais.

Et tout un avenir se manifesta dans ces trois mots.

Thérèse Moline tressaillit.

— J'espérais que cette honte ne serait connue que de vous et de moi... et hier, le saviez-vous?

— Non, Moline... mais tout à l'heure une lettre exécrable... anonyme.... C'est un arrêt de mort!

— Sans doute, cela doit être; au moins ça toujours été l'habitude des Courtenai.

— Je n'y défaudrai pas.

— Un mariage pourrait-il remplacer la vengeance?

— J'en doute maintenant.

— Écoutez, baron de Courtenai, vous n'avez pas seul été trompé dans cette affaire exécrable; moi aussi on m'a fait servir à cette abominable scélératesse, on a souillé ma vieillesse, on m'a repoussée par avance du paradis, car je punirai certainement l'un des traîtres et je ne m'en repentirai jamais.

— Qu'avez-vous fait, malheureuse femme?

— J'ai commis un crime, j'ai cru à la parole d'un riche du jour, j'ai eu la faiblesse impardonnable de croire que la richesse pouvait élever les sentimens à peu près à la hauteur de la naissance, que l'orgueil de s'unir aux Courtenai serait un lien que rien ne saurait rompre; j'ai laissé... cet homme avec sa noble cousine.

— Infâme! s'écria Éleuthère, vous nous avez tous perdus!

— Baron de Courtenai, dit Moline en s'agenouillant devant lui, je ne viens pas vous dire, pour ma justification, que l'amour avec toute sa véhémence s'était développé avant le retour de la princesse Hélène, je ne vous demanderai pas de grâce, car j'en suis indigne, et je dois être une de ceux que la mort atteindra en conséquence de tout ceci; je vous conjure seulement de me laisser le soin de vous venger et de me punir!

— Créature imprudente! où était votre raison ?

— ELLES m'ont indignement jouée!

— Qui, elles?

— Vous le saurez plus tard, prince; vous êtes un fort du siècle, vous ne soumettez pas votre raison aux influences dont vous raillez... Le mal est fait, il est immense, irréparable; oui, irréparable; votre sœur serait trop à plaindre avec ce vil débauché.... Je l'ai vu cette nuit... il y avait à côté de son lit, et dans l'abandon le plus intime, une femme : c'était une de celles...

— Elle y était cette nuit? vous l'avez vue ?

— Comme je vous vois.

— Et c'est à cette fille si méprisable qu'il a confié !... Oh! damnation !.... et il ne peut me répondre encore! et je ne peux le traîner sur le champ de mort d'où ma pitié lui a permis hier de se relever !... et nous serons en butte aux railleries de tous ces parvenus, et nous aurons à supporter une honte si poignante!..... Soit, nous les supporterons, mais pas pour long-temps... Et on veut encore une alliance avec nous!..... avec nous, flétris si cruellement! Nous n'en sommes plus dignes : l'opprobre est pour les Courtenai, la gloire pour les Saint-Olben!

— Cela ne durera pas toujours, prince, dit Moline, qui ne quittait pas son humble posture, dont Éleuthère ne songeait pas à la retirer; je vous promets qu'ils partageront nos larmes; mais il convient de quitter Paris.

— C'est ma pensée aussi, dit Éleuthère en cherchant enfin à se posséder et en soulevant de terre la vieille camariste qui le laissa faire. Il faut qu'Hélène, ma grand'-mère et mon oncle retournent au château; eux absens, je conduirai mieux....... et si là-bas sa honte éclate....... Il s'arrête comme étant suffoqué par l'excès de son chagrin. Les traits de Moline se contractèrent affreusement, elle ne pouvant supporter la possibilité d'une circonstance pareille, ce qui la conduisit à dire :

— Ces choses n'éclateront jamais dans la maison de Courtenai.

L'expression farouche de ses yeux apprit à Éleuthère toute l'étendue de sa prévision; il s'en alarma, et, la saisissant par le bras:

— Moline! que Dieu t'en préserve!

— Et l'honneur des Courtenai doit-il être entaché?

— Il me regarde.

— C'est aussi mon affaire, car je suis à vous et vous êtes tous à moi.

— Insensée! tes sentimens t'égarent!... un tel crime!...

— Votre gloire et la nécessité.

— Un enfant que tu aimes!

— Je ne lui survivrai pas.

— Ma sœur, dit Éleuthère froidement, ne quittera point Paris, et vous suivrez ma mère à Auxerre.

Moline se troubla et subitement baissa ses yeux.

— Oui, poursuivit Éleuthère, quelques mois de retraite dans un couvent calmeront ton imagination. Je tromperai la marquise... un mensonge... il le faut, celui-là est nécessaire... elle croira que l'on peut conclure une union..... Pensez-vous qu'elle veuille partir?

— Vous oubliez, monsieur le baron, répondit Thérèse Moline, avec autant de froideur que si son âme n'eût pas été naguère violemment affectée, que dans dix jours arrivera le terme de la prolongation de séjour qu'elle a consenti; dix jours ne changeront rien à la position présente qui n'en empirera pas; laissez-les s'écouler. Madame se mettra en route; elle ne changera rien à sa détermination.

— Et vous, Moline, à la vôtre?

— Vous avez détruit mon espoir; je vous obéirai.

— J'y compte.

— Je vous le jure.

Ce serment prononcé, Moline, ainsi qu'auparavant elle l'avait dit, commença à perdre sa part du paradis, car elle venait de mentir à sa conscience et de se parjurer en face de Dieu.

Éleuthère, qui de son côté s'était déterminé à un second combat avec Lucien, ne sachant plus trop si des soumissions et un prompt mariage seraient une réparation suffisante, donna des avis à la camariste de son aïeule sur la manière dont il fallait veiller autour de celle-ci, afin qu'elle ne pût apprendre la nouvelle qui déjà occupait tout Paris. C'est un phénomène si extraordinaire qu'un fils de ministre appelé en champ clos qu'on avait de la peine à concevoir l'audace de l'adversaire qui, au lieu d'immoler son honneur au don *d'une bonne place*, avait préféré un autre genre de réparation. Les niais prétendaient que nécessairement ce devait être un républicain. On se moquait d'eux en leur rappelant tous ceux du mouvement qui avaient, au premier avantage offert, passé du côté de la résistance, et les nobles, avec orgueil, nommaient le baron de Courtenai.

Ceci redoubla la surprise générale. On savait déjà quel nœud attachait les Saint-Olben à cette antique famille : on avait soudain deviné le mariage, qui allait augmenter cette affinité, on le voulait même double, et aussitôt on apprenait qu'une rupture éclatante avait eu lieu, et que les deux représentans de ces maisons, prêts à devenir beaux-frères, s'étaient battus ensemble... Pour quelle cause?..... Voilà ce que d'abord on ne sut pas, car les Saint-Olben et le vicomte d'Urtal allaient partout annonçant que ce malheur ne changerait rien aux engagemens pris, et que, dès le rétablissement de Lucien, ce jeune homme conduirait à l'autel sa noble et belle cousine.

XXX.

L'INNOCENT CONDUIT AU CRIME.

. . . . . *Ratio tibi rerum prava necesse est*
Falsaque sit, falcis quæ cumque ab sensibus orta est.
LUCRÈCE, *Nature des choses*, liv. IV.

L'esprit juge nécessairement mal des objets quand les organes qui lui en offrent l'image sont faux et mal disposés.

Thérèse Moline prit à part Georges le Klephte.

— Enfant, dit-elle, tu restes à Paris auprès du baron de Courtenai ?

— Oui, répondit Georges, tandis que sa figure rayonnait de bonheur.

— Tu verras certainement mademoiselle de Courtenai, bien qu'elle soit renfermée dans un couvent.

— Le chef m'a promis de m'y conduire chaque fois qu'il ira lui-même.

— Tu as de l'amitié pour notre jeune princesse?

— De l'amitié!.... reprit Georges en rougissant; oh! plus que cela...... Je l'aime de toutes les facultés de mon âme; elle est si bonne!

Il n'osa dire si belle.

— Sa santé, reprit Moline tandis qu'un sentiment extraordinaire éclatait dans ses yeux, peut se déranger; elle souffrira des douleurs qui lui seront inconnues, car il y a tant de chances de maladie parmi notre race humaine!.... Je connais son tempérament mieux que les médecins habiles qu'on appellera pour la soigner...

Elle hésita, s'arrêta, parut oppressée; puis reprenant :

— J'ai..... préparé avec soin cette eau si pure que tu vois dans ce flacon ; il y en a peu, aussi faut-il ne l'employer que dans un cas pressant. Si tu la vois inquiète, tourmentée, pâle, languissante, si la nourriture lui devient désagréable, si son cœur s'affadit ou se soulève..... alors, Georges, tu lui diras que je t'ai remis ceci pour qu'elle en fasse usage, qu'elle sait que depuis sa naissance je suis accoutumée à la soigner, à lui faire prendre de temps en temps les potions, les médicamens adoptés par ma longue expérience, que je lui recommande de boire d'un seul trait ce que renferme le flacon. Il est inutile que tu en parles au chef, tu n'ignores pas qu'il rit de ma science; et pourtant, Georges, il est certain que je lis dans le ciel.

— Cela est vrai, répondit l'enfant avec une conviction profonde. Ce qui parfois me fait peur dans le chef, c'est son incrédulité;

il doute du pouvoir des paroles mystérieuses, de la force de la verveine cueillie dans la nuit de la Saint-Jean; il plaisante des sorts, du langage des cartes; il ne croit pas aux bonnes dames... il a tort.... Et toi, Moline, il me semble que si tu avais répété sur cette liqueur les encantations qui te sont familières, elle n'en aurait que plus de vertu.

— Rien n'y manque, répliqua Moline; sois tranquille, Georges, je fais bien ce que je fais.

La conversation fut suspendue, car la vieille femme tomba dans une noire rêverie; elle éprouvait une violente contraction, ses nerfs se crispaient et sa physionomie parut un instant toute renversée. Le jeune Klephte avait peur de Moline; il la regardait comme une descendante des magiciennes de l'ancienne Thessalie, et avait apporté en France toute la superstition de son pays: aussi la contempla-t-il, dans cette circonstance, avec autant d'attention que de crainte. Il reçut le dépôt qu'elle lui remit en formant la ferme résolution de se conformer à sa volonté, et il le cacha dans les plis de sa ceinture de soie bleue et or, où il mettait sa bourse et son mouchoir, éprouvant chaque jour le regret de ne pouvoir y placer un poignard.

On vint peu après appeler Moline. La voiture était prête, et la marquise d'Armenseine et le comte de Lombel allaient partir. La première vivement peinée de ne point emmener Hélène avec elle, son fils et son petit-fils lui avaient fait entendre que mademoiselle de Courtenai, destinée à vivre dans le monde, avait besoin de perfectionner une éducation excessivement simple, que c'était un sacrifice de plus à faire aux exigences du moment. La marquise avait l'esprit trop supérieur pour se maintenir opiniâtrément dans les préjugés d'autrefois; elle avait vu, pendant son séjour à Paris, les filles des meilleures maisons posséder, en outre d'une instruction pieuse et solide, les arts d'agrément, apprendre des langues vivantes et se créer pour l'avenir des ressources variées contre l'ennui et tout autant contre la dissipation.

Elle ne combattit donc pas les instances de ses enfans appuyées de celles de madame d'Aubeterre. Il fut convenu qu'Hélène, si elle ne se mariait pas encore, demeurerait trois ans au couvent du...... et viendrait passer deux mois de vacances au château de Courtenai. C'était une clause que, pour cette année, Éleuthère avait la ferme résolution d'éluder. Il redoutait le fanatisme de Moline et son amour immodéré de ce qu'elle appelait *notre honneur*.

La marquise, vivement émue quand elle se sépara d'Hélène, l'embrassant à diverses reprises :

— Ma chère fille, dit-elle, Dieu voudra-t-il que je vous revoie?

— Oh! oui, ma mère, nous nous retrouverons ensemble, vienne l'automne; je serai si heureuse de revenir à Courtenai!

Elle disait, et, malgré ses efforts, une douleur concentrée se laissait deviner en elle. La marquise, croyant en savoir la cause, cette rupture apparente de ses rapports avec les Saint-Olben, et peut-être une sorte de penchant pour ce cousin dont on aurait voulu faire son mari, ne s'en tourmenta pas davantage; elle partait ignorant toujours le duel qui avait eu lieu, et attribuant l'interruption des visites de la famille Saint-Olben à son mécontentement d'une part, et à son élévation de l'autre.

La séparation fut donc pénible entre l'aïeule et la petite-fille: celle-ci aurait ardemment souhaité de pouvoir demeurer encore quelques jours chez la comtesse d'Aubeterre, où elle eût pu avoir plus facilement des nouvelles de Lucien; mais le même jour, et deux heures après que la marquise serait montée en voiture, elle-même serait conduite au couvent qu'elle devait habiter.

Éleuthère s'en fut avec son aïeule jusqu'à la barrière de Fontainebleau, accompagné d'un domestique qui menait en lesse le cheval dont le baron de Courtenai se servirait pour le retour. Hélène, restée seule, entra dans le jardin. Là elle réfléchit sur tous les événemens qui avaient eu lieu autour d'elle. Une des choses les plus propres à la surprendre était sans doute le changement de Thérèse Moline à son égard depuis la nuit où elle avait été à l'hôtel Saint-Olben. Cette femme, dès ce moment, cessa de la manière la plus prompte et la plus absolue, non-seulement de lui parler de Lucien, mais encore de traiter ce sujet, et même de se rapprocher d'elle, interrompant tous les témoignages de cette familiarité perpétuée dès l'enfance d'Hélène, qui s'en étonna étrangement.

Quand elle la trouvait dans la chambre de son aïeule, Moline ne la regardait plus en souriant, mais avec une physionomie froide; et si par cas Hélène, ayant baissé les yeux, venait à les relever subitement, alors elle surprenait dans ceux de Moline une teinte de colère et de malignité dont elle s'émerveillait.

Hélène cependant tourna peu après sa

pensée sur un objet plus doux à son cœur, sur Lucien, dont elle ne recevait plus de nouvelles, car jamais elle n'oserait en demander à Éleuthère. Que deviendrait-elle dans cette ignorance absolue sur un point qui l'intéressait tant? ceci la tourmentait, la déchirait même; elle y rêvait avec tant de passion que, s'étant assise sur un banc, elle se mit à verser des larmes avec une telle abondance qu'elles finirent par lui dérober les objets voisins, et, se croyant toute seule et emportée par la douleer, se mit à dire:

— Il me faudra donc mourir du supplice de l'incertitude. Oh! comment supporterai-je la vie si je ne peux apprendre ce que devient la sienne, s'il vient à la guérison, ou s'il va vers le trépas?

En ce moment elle sentit une main douce et nerveuse presser la sienne; ce contact inattendu lui fit peur; ses larmes s'arrêtèrent, et de la main qui restait libre elle essuya ses yeux; alors elle put voir Georges à ses genoux, lui aussi pleurant, et son visage animé d'une expression enchanteresse; des sanglots étouffaient sa voix, et pourtant il essaya de dire :

— O Panagia! rassure-toi : si l'un de nous doit mourir, ce sera le jeune Klephte ; mais si ta conservation est attachée à ce que tu saches l'état de la santé de ton cousin, sois certaine que je te contenterai là-dessus... Tu n'aimes que lui : n'importe, je veux, moi, te prouver comme je t'aime en m'immolant à ta satisfaction ; je m'engage à t'instruire de ce qu'il deviendra chaque fois que je serai admis auprès de toi.

Hélène écouta avec admiration et plaisir en même temps ce que lui disait Georges, non aussi sans qu'une confusion particulière la tourmentât également, car il lui fallait reconnaître que cet adolescent s'élevait au-dessus d'elle-même par l'abandon qu'il faisait de ses sentimens exaltés à la satisfaction de son amie.

— Georges, lui dit-elle, pourquoi douter de mon amitié? Tu sais, injuste enfant, qu'elle t'est pleinement acquise; ne te plains pas sans raison que je te la dénie.

— Tu aimes ton cousin?

— Tu as mon amitié.

Le Klephte rougit..... Ce fut peut-être le moment où sa jeune intelligence comprit pour la première fois la différence qui séparait l'amour de l'amitié. Il baisa timidement la main qu'Hélène lui abandonnait, et enfin, reprenant la parole :

— Ton ami, soit..... tu n'en auras jamais de plus dévoué... Vois-tu, Hélène, en quittant l'Argolide, j'ai dû chercher une nouvelle patrie, une autre famille; j'ai trouvé tout cela auprès de toi; tu es cause que je ne donne aux souvenirs de la terre natale que des soupirs imparfaits; qu'il y a des heures où j'oublie de détester les Osmanlis et de maudire l'exécrable Ibrahim. Sais-tu pourquoi? parce que je ne m'occupe que de toi, chère Hélène, parce que ton image ne me quitte ni dans la veille ni dans le sommeil. Il est maintenant dans mon essence de tout rapporter à mon amie, et si celle-ci allait me manquer, si une autre fois le Klephte allait se trouver seul... oh! la vie alors lui serait insupportable, il la quitterait en te regrettant.

Hélène écouta, pleinement surprise, ce qu'une passion ardente et encore confuse inspirait à cet adolescent. Elle aussi, quoique bien naïve, lut à livre ouvert dans ce cœur ingénu et brûlant; elle y vit quelle flamme impétueuse s'y allumait et en eut peur pour l'existence à venir de Georges. Aussi, gardant le silence, elle se contenta de le regarder avec des yeux remplis de pitié et de reconnaissance. Quant à lui, poussant jusqu'au bout l'étendue de son sacrifice, il lui dit de quelle manière il lui parlerait pour qu'elle comprît, à l'aide de paroles indifférentes en apparence, ce qu'en réalité elle aurait tant d'intérêt à savoir.

Georges, en se conduisant ainsi, ressemblait à Mutius Scévola. Il se consumait lui-même, afin de prouver son attachement. Hélène, bientôt après, fut demandée par la comtesse d'Aubeterre; elle rentra dans l'hôtel un peu plus calme et presqu'heureuse: Il faut souvent si peu pour contenter l'amour!

Éleuthère revint, et, d'après le plan arrêté, on se rendit aussitôt au monastère où Hélène demeure, où on viendrait la prendre chaque dimanche pour la faire dîner chez madame d'Aubeterre, qui n'allait jamais à la campagne, et elle espéra, de cette sortie dominicale, plus de facilité pour se maintenir dans ses rapports secrets avec Georges le Grec.

La sainte maison, dans laquelle on lui donna une chambre de pensionnaire, se faisait remarquer par un air de magnificence et de grandeur presque hors de rapport avec la simplicité évangélique; elle trouva, depuis la supérieure jusqu'à la dernière des domestiques, une conviction parfaite de la supériorité du lieu sur tous ceux du même genre, une dignité permanente qu'une teinte de modestie ne relevait que mieux; on la traita avec une distinction particulière, à cause de son nom de Courtenai; on eut soin de lui faire remarquer qu'on avait là l'élite des premières familles de France, et que, s'il s'y trouvait des filles de naissance médiocre, il fallait s'en prendre à la dureté des temps et à l'immensité de leur fortune.

Hélène fut bientôt entourée d'un essaim de jeunes personnes impatientes de se lier avec elle, de savoir d'où elle venait, pourquoi, surtout à son âge, car on est presque vieille dans une pension lorsque l'on tourne autour de sa dix-septième année, pourquoi, dis-je, on s'était décidé à la mettre au... Elle, avec une candeur entière, dit que son éducation avait besoin d'être complétée, et on la crut sur parole; mais comme on parla d'elle aux gens du dehors, le bruit du duel de son frère et de son cousin fut bientôt répandu, et dès-lors elle inspira une considération jalouse.

Ce fut bien autre chose quand on apprit que la femme du ministre M. Saint-Olben était venue voir mademoiselle de Courtenai, sa nièce : il y eut à ce sujet une sorte de révolution dans le monastère; les profès, les novices, les pensionnaires, chacune enviait sa part de cette distinction; on espérait en tirer un avantage pour la maison ou pour les siens en particulier; on se mit aussitôt à cajoler Hélène, à la flatter, à lui faire la cour. Où n'est-on pas ambitieux à l'époque présente? dans quelle retraite sainte s'occupe-t-on uniquement de ce qui devrait nous détacher de la terre?

Hélène éprouva une émotion extraordinaire lorsque, sans la faire descendre au parloir, selon la règle, pour recevoir une visite de dehors, la supérieure, la faisant appeler dans un salon particulier et intérieur où jadis on recevait le grand-aumônier de France, la prévint que sa tante, madame Saint-Olben, allait y venir. Le cœur d'Hélène battit avec violence; elle n'avait pas revu cette dame dès avant le funeste duel. La femme du banquier entra seule, ce fut une nouvelle faveur dont on la gratifia, et embrassa vivement sa nièce; elles sentirent toutes les deux qu'à ce contact leurs yeux se mouillaient de larmes, et d'abord elles s'abandonnèrent à une douleur légitime et dont la manifestation nous est assez naturelle.

— Ma chère fille, dit enfin madame Saint-Olben, vous ne me demandez pas des nouvelles des miens: est-ce par retenue, ou bien en voudriez-vous à mon pauvre garçon?

— Moi, ma tante, s'écria Hélène; je ne sais... Ah! je suis bien malheureuse!

— A qui la faute? à vos superbes parens, qui sont à mille lieues de leur siècle, qui ne veulent pas reconnaître les besoins de l'époque et céder aux exigences du jour. Tout, cependant, s'accommodera à notre satisfaction réciproque : vous serez ma fille, car je vous aime autant que si vous étiez la sœur d'Athénaïs.

— Comment se porte-t-elle? dit Hélène en rougissant.

— Bien.

— Et... mon oncle?

Elle ne put se décider à prononcer un autre nom. Sa tante répondit :

— Est-ce là toute ma famille? demanda la dame en riant.

Une rougeur soudaine couvrit le front de mademoiselle de Courtenai. La questionneuse, poursuivant:

— Celui dont vous ne dites rien, et pour le punir sans doute de l'excès de son amour, s'avance rapidement dans sa guérison complète; bientôt il sera rendu à notre tendresse.... Ne lui en voulez pas, Hélène, de ce qui s'est passé... votre frère l'a traité avec une hauteur... Lucien avoue l'infériorité de sa naissance; mais, en tout ce qui touche à l'honneur, il se croit égal à tout, et il n'a pu supporter des menaces..... N'en parlons plus, ceci vous fait de la peine... Le baron de Courtenai reviendra à de meilleurs sentimens, il reconnaîtra que nous ne sommes point une famille si minime, si peu considérable.... Les bontés du roi pour votre oncle augmentent chaque jour; il continue à le consulter en dehors du conseil; il y a des paris ouverts pour son arrivée prochaine à la présidence, et ce sera agréable pour nous... D'ailleurs je ne sais comment les choses s'arrangent, mais il est certain que depuis que monsieur de Saint-Olben est ministre, ses opérations de Bourse sont toujours couronnées d'un succès merveilleux, le hasard le sert admirablement bien : il a un caissier si habile!

Hélène, plus touchée de ce qui se rapportait à son cousin que des détails des intrigues d'argent du banquier-ministre, chercha à ramener la conversation sur ce point particulier, où elle la maintint jusqu'au départ de sa tante.

XXXI.

INCIDENT DE LA VIE HUMAINE.

Nos jugemens sur les hommes et sur les choses proviennent
toujours de la part qu'on nous fait. Quelle est
l'opinion dans laquelle il n'entre pas
un peu d'égoïsme?

Recueil de Maximes.

Lucien commençait à se lever avec peine; il est vrai qu'encore il ne pouvait se vêtir soi-même, et le concours de son valet de chambre lui était nécessaire plus que jamais. Il souffrait avec impatience la prolongation de cette retraite forcée, à cause des plaisanteries dont ses jeunes amis, qui les lui avaient épargnées jusque-là à cause de la gravité de sa blessure, se plaisaient maintenant à l'accabler sur sa réputation vivement compromise dans les salles d'armes, où l'on avait eu une toute autre idée de son habileté. Les gens médiocres attachent l'ensemble de leur importance à une foule de petits succès dont ils sont excessivement jaloux. Lucien manquait de cette supériorité d'esprit qui élève l'homme au-dessus de ces futilités misérables, et il avait la faiblesse de se tourmenter des propos que l'on pouvait tenir dans les tirs divers de Paris sur son plus ou moins d'adresse : ceci était déjà un motif permanent d'aigreur et de bouderie envers le baron de Courtenai.

Il avait en outre auprès de lui un mauvais génie en permanence dans la personne de Lomont, vil coquin rempli de malice, haineux, sournois, et qui, vindicatif surtout à l'excès, ne perdait pas de vue son projet unique, celui de se venger du châtiment juste que lui avait infligé Éleuthère de Courtenai. Il excitait sans cesse l'amour-propre de Lucien, lui rapportait, comme ayant été tenus par le frère d'Hélène, des propos mensongers qui n'avaient aucune sorte de fondement. Il était soutenu à merveille dans cette intrigue infâme par Eugénine, qui venait nuitamment voir Lucien, d'abord à l'aide de son costume d'homme, et puis aux heures où madame Saint-Olben s'en allait tenir le cercle à l'hôtel du ministère.

Lucien, entre ces deux êtres perfides, était comme un balon que les joueurs se renvoient; il ne pouvait apercevoir la ruse infernale dont on le rendait la dupe, et recevait les impressions malfaisantes qu'on s'attachait à lui inculquer. Eugénine surtout lui représentait quelle gloire il y aurait pour lui de voir les Courtenai en corps le supplier de prendre Hélène pour sa femme, de les punir ainsi de leur orgueil immodéré, et de ce qu'elle qualifiait de l'insolence de leur premier refus : ceci flattait en effet un étourdi qui jamais n'avait réfléchi sérieusement sur les affaires de l'existence humaine, qui ne comprenait pas qu'il se polluerait par cette conduite imprudente, puisque les choses arriveraient au point qu'il ne prendrait sa femme que déshonorée. Il s'aveuglait et d'autant plus facilement, qu'il n'avait autour de lui ni parent ni ami qui pût lui inspirer de meilleures idées.

Un matin sa mère venait de le quitter; elle avait long-temps causé avec lui de la certitude de son mariage prochain avec Hélène, et s'était retirée presque surprise de la froideur de ses réponses, de son hésitation si différente de l'empressement que d'abord il avait témoigné; elle en conçut une sorte d'inquiétude! aussi, rencontrant sur l'escalier le vicomte d'Urtal qui se rendait chez le blessé pour lui faire une visite du matin, elle lui fit part de ce qu'elle croyait avoir aperçu, et sans qu'il lui fût possible d'en soupçonner la cause. Le vicomte l'écouta avec attention, hocha la tête en personne qui n'est pas satisfaite de ce qu'on lui rapporte, et puis se mit à dire :

— Ma chère amie, il y a dans tout ce qui s'est passé quelque chose d'obscur, de difficile à comprendre, et dont, à tort peut-être, je ne me suis pas assez occupé. Je suis encore à me demander quelle a été la cause véritable de ce duel malheureux : tout me prouve qu'elle n'était nullement dans ce que l'on avouait, mais plutôt dans des motifs que de part et d'autre chacun dérobait avec soin à la perspicacité de ceux qui étaient là.

— Que serait-ce ? demanda madame Saint-Olben, non sans être alarmée.

— Je l'ignore, mais il faut le savoir, et pour cela faire subir un interrogatoire catégorique aux deux rivaux : d'abord à Lucien, puisque je l'ai ici tout près, et ensuite au baron de Courtenai, qui est resté à Paris je ne sais trop dans quelle pensée.

— Ce ne serait pas, je l'espère, pour recommencer un funeste combat? dit madame Saint-Olben alarmée.

— Je m'en éclaircirai avec lui, c'est ce que je peux vous affirmer; ne vous tourmentez point, veuillez seulement me répéter que vos intentions sont toujours les mêmes.

— Est-ce nécessaire? suis-je un enfant? Oui, mon cher vicomte, je désire pour bru ma charmante nièce; je n'en pourrais trouver de plus méritante; elle est douce, naïve, sera soumise, ne luttera pas avec moi; elle est de mon sang, Courtenai enfin; que puis-je souhaiter encore? Assurez le prince, son frère, que, dès le rétablissement complet de mon fils, nous amènerons celui-ci aux pieds de sa cousine.

— Voilà qui est franc, répondit M. d'Urtal, et certainement le baron Éleuthère s'en contentera; je regarde la chose désormais comme terminée, mais je veux néanmoins éclaircir certaines obscurités, et demain j'espère que je vous en rendrai bon compte.

Madame Saint-Olben s'en retourna au ministère, et l'ami de la maison acheva de parcourir l'appartement pour arriver à la chambre de Lucien.

Lucien se levait, il vêtissait avec peine les pièces diverses de son costume de convalescent, et sa mauvaise humeur éclatait; il reçut néanmoins le survenant avec la cordialité ordinaire, le complimenta sur sa persistance à venir le voir, et essaya de se monter à une gaîté qui n'était pas dans son âme.

Le vicomte parla de choses indifférentes tant que Lomont resta là; il espérait en sa retraite; mais le domestique, sous prétexte de ranger, ne sortait point. Ce manége finit par impatienter M. d'Urtal, qui, prenant son parti, dit sans façon à Lucien :

— Mon enfant, je voudrais jaser avec vous de bonne amitié, et ne serais pas fâché en conséquence de me priver de la compagnie de Lomont.

Ce désir exprimé fut entendu. Le jeune Saint-Olben renvoya son valet par un signe, et en même temps se prépara à une conversation importante, puisqu'elle commençait de cette façon. Le vicomte, resté seul avec lui, approcha son fauteuil du sien, et, baissant la voix, car il se méfiait de la curiosité de Lomont, il dit :

— Le docteur assure que sous quinze jours vous pourrez sortir.

— J'ai hâte de prendre ma volée.

— Et sans doute dans le dessein, en chevalier fidèle, d'aller rôder à l'entour des hautes murailles qui renferment la dame de vos pensées?

— Pour prendre l'air, monsieur, pour me tirer de cette chambre où l'ennui me consume !

— Lucien, repartit M. d'Urtal en le regardant fixement, vous plaira-t-il de me répondre sans paroles dilatoires et avec la sincérité d'un homme d'honneur ?

— Mon Dieu! répliqua Lucien avec embarras, voici un appel dont la solennité m'épouvante! Avez-vous tant besoin de lire dans mon cœur à découvert?

— Oui, parce que je vous aime et que mon attachement pour les vôtres est à la même hauteur; je suis à votre égard à la poursuite d'un problême, vous m'en devez la solution.

Lucien se tut; le vicomte poursuivit:

— Votre silence ne me convient guère; je le vois en méchant augure pour l'accomplissement de mes souhaits: n'importe, il faut que nous nous expliquions, il y va de votre avenir, et certainement du bonheur de votre mère. Vous savez son envie de vous marier à sa nièce; vous avez vous-même, par votre demande expresse, provoqué cette union; une première démarche a nécessité la seconde, qui a été plus heureuse. Le baron de Courtenai a donné l'assurance que l'on ne vous refuserait plus sa sœur. A quelle époque vous plaira-t-il de fixer le jour de votre mariage?

La contrariété qu'éprouvait Lucien se manifesta plus visiblement encore; tandis que M. d'Urtal s'exprimait avec autant de précision, ses joues, apâlies par une perte énorme de sang, se couvrirent néanmoins d'une rougeur assez vive. Il hésita... balbutia d'abord quelques mots inintelligibles; puis, avec plus de résolution, pressant son parler :

— Monsieur, dit-il, l'état de ma santé exigera vraisemblablement un délai dont d'aucune façon je ne pourrai fixer l'époque; j'ai même le désir de parcourir l'Allemagne et l'Italie...

— Et de pousser jusqu'au Japon en passant par l'Égypte, la Terre-Sainte, le Mogol et la Chine, ajouta le vicomte avec une mauvaise humeur marquée. A qui en avez-vous, Lucien? qu'est-ce que ces fantaisies dont vous n'appréciez pas les suites? Ecoutez-moi, je vous en prie; j'ai une expérience qui vous manque, celle du monde et des hommes. Vous êtes dans une position admirable : pourquoi la gâter? Il y a dans votre conduite une arrière-pensée bien étrange. Que s'est-il passé entre vous et le frère de votre cousine? Ce n'est point en moi par curiosité pure que je vous fais cette question, j'ai un but sage, celui de raccommoder ce qui paraît trop disjoint : parlez-moi avec confiance; n'aimeriez-vous plus mademoiselle de Courtenai?

Lucien, continuant à manifester une émotion visible, répondit :

— Je suis toujours le même.

— Et pour le prouver vous renvoyez votre mariage aux calendes grecques?

— Je suis encore bien souffrant : M. Dupuytren assure que les eaux de Barrége me seront nécessaires.

— C'est un lieu bien triste, mais il sera embelli par la société que vous aurez en votre jeune et belle femme.

— Les Courtenai sont des princes, je suis le fils d'un roturier.

Quelque chose de malin erra d'abord sur les lèvres du vicomte, qui ensuite, reprenant une expression sérieuse, repartit :

— Voilà une pensée tardive ; elle aurait dû vous venir avant d'avoir fait la demande de votre cousine ; maintenant elle serait un outrage, réfléchissez-y bien.

— Leur refus...

— Qui vous a dit qu'il n'ait pas été basé, non sur l'orgueil, mais sur des considérations purement morales, sur la crainte de vos habitudes peut-être un peu trop conformes, non aux principes républicains, mais à la vie ordinaire des républicains modernes?

— Fort bien! dit Lucien, tandis qu'un mouvement de colère éclatait dans ses yeux; le baron de Courtenai a manqué de discrétion!

— Je vous jure, répondit M. d'Urtal alarmé, qu'il ne m'a rien conté qui puisse vous être défavorable, et si sur ce point nos soupçons se changent en réalité, n'en accusez que vous seul et la tournure de la phrase qui vient de vous échapper; je suis donc instruit par vous seul, uniquement par vous, ma probité vous l'atteste, que M. de Courtenai vous connaît des intrigues propres à compromettre le bonheur d'Hélène : pouvez-vous dès-lors lui en vouloir de ce premier refus, que sans doute il a dicté? Ceci a dû pareillement amener entre vous l'affaire fâcheuse dont les conséquences vous sont si funestes; tout m'est expliqué maintenant, j'ai la clé de vos propos réciproques lors du combat : il y a une femme sous jeu; vous seriez bien coupable de ne pas l'abandonner en faveur de votre cousine. Est-ce son avenir qui vous tracasse? vos parens le fixeront magnifiquement.

Lucien, plus le vicomte parlait, éprouvait un surcroît de dépit et de chagrin. Orgueilleux, il se permettait de douter de la sincérité de ce personnage, il accusait intérieurement Éleuthère d'avoir manqué à cette discrétion délicate dont un homme de bonne compagnie ne manque jamais, il souffrait aussi de voir que l'on connaissait le secret de ses relations avec Eugénine, et enfin, lorsqu'il aimait toujours éperduement mademoiselle de Courtenai, sa vanité plus forte encore persistait à vouloir que les parens d'Hélène vinssent à leur tour l'offrir positivement aux Saint-Olben : aussi, loin de satisfaire le vicomte par une explication franche, il se maintint dans ces répliques dilatoires, qu'il avait été prié d'écarter ; sa persistance lassa le négociateur, qui lui dit à son tour :

— Vous jouez avec votre vie, avec la tranquillité de vos parens. Les choses sont venues au point aujourd'hui qu'il ne vous appartient de retarder votre mariage que jusqu'au moment précis où vous recommencerez à vous promener dans Paris ; c'est parce que je suis persuadé de votre courage que je vous remets sous les yeux les chances d'un second duel : il devient inévitable si tout n'est pas arrangé avant ce moment.

— Je le soutiendrai, monsieur !

— Soit, et votre malheureuse mère le supportera?

— Que ma sœur la console.

— Votre père commence sa famille par l'illustration qu'il acquiert; tout sera perdu par votre faute; on vous blâmera, vainqueur ou vaincu. Vous n'aimez donc plus Hélène?

— Je ne l'ai pas dit, elle m'est toujours chère; mais comme on a manqué à mes proches, je veux les venger, et pour cela ne me marier que dans le cours de l'année prochaine.

— Vous avez laissé votre raison sur le champ du combat, dit le vicomte avec aigreur; vous voilà embarqué sur une mer dont on ne peut apprécier l'étendue; que de faits désagréables découleront de votre opiniâtreté! vous compromettez vos parens, vos amis, car certes je suis du nombre. Et comment répondrai-je aux Courtenai quand ils me demanderont l'explication de votre caprice? vous déshonorez une fille respectable qui appartient au sang le plus auguste. On verra de mauvais œil à la cour un dénouement pareil. Réfléchissez, Lucien, à tout ce que je mets sous vos yeux; réfléchissez, je vous en supplie, il y va de tout votre avenir; faites taire des passions secondaires, revenez à celle qui charmait votre mère, ce sera le seul moyen de ne pas rompre brusquement et peut-être d'une façon pénible une carrière qui vous permet tant de prospérités.

Lucien écouta avec peine, avec émotion le discours raisonnable de M. d'Urtal; il sentit son cœur prêt à fléchir, il allait répondre et ouvrir une voie d'accommodement, lorsque Lomont paraissant tout à coup, annonça MM. Charles et Adolphe. Le vicomte ne retint pas un geste d'impatience et maudit la fatalité qui amenait si mal à propos ces deux écervelés; il leur céda pourtant la place, et s'éloigna fort triste et n'osant trop guère se demander ce que ceci deviendrait.

— Parbleu, dit Charles en embrassant Lucien, les chances de la république deviennent superbes, et, Dieu aidant, elle l'emportera, puisque le roi-citoyen se rappelle aussi bien du fameux programme! On ne me place pas, mon ami : aussi, tout va mal; je fais un tapage d'enfer, j'émeute contre le ministère ; tant pis pour ton pères 'il en fait partie, car, vois-tu, mon pays avant tout.

—Où doncprends-tu, répliqua lebel Adolphe, que la république gagne en espérances? Tout est calme : chacun se rallie au gouvernement. Je trouve qu'il fait une part assez ample à la liberté : aussi suis-je déterminé à m'y rallier de cœur et d'âme.

—As-tu reçu ta nomination, Adolphe, demanda Lucien? mon père devait te la faire expédier hier au soir.

Adolphe rougit, et puis répondit : Elle m'a trouvé, ce matin, couché encore : je venais te remercier.

— Et moi, s'écria Charles, je viens te dire que je ne veux plus rien du pouvoir. Je consentais, par amitié pour toi, à le soutenir de mon influence; mais, puisqu'il me repousse, il n'aura pas, parbleu! d'ennemi plus prononcé. Au demeurant, tu es sans crédit dans ta famille, puisque tu n'as pu obtenir ce que tu demandais pour moi. J'en suis peu étonné, car on te mène comme on veut. Il n'est question, dans Paris, que de ton prochain mariage forcé avec mademoiselle de Courtenai.

— Forcé! répéta Lucien; qu'entends-tu par là ?

— Ce que tout Paris répète : c'est que tu craindrais de mesurer une seconde fois ton épée avec celle de M. de Courtenai.

— Tout Paris en a menti, répéta impétueusement Lucien; je ne crains ni celui-là ni un autre. Si j'épouse ma cousine, ce sera par amour et non par peur.

— Oh oui! dit Charles en ricanant, car il était fâché de ne pouvoir échanger son républicanisme contre les émolumens d'une sinécure ministérielle; l'amour sert de manteau...

— A quoi? demanda Lucien avec fermeté.

— Mon ami, je t'aime, et ta réputation m'est chère. Je pleure de te répéter les sottises que l'on dit; mais je le vois, tu es sur le pinacle, fort en vue, très-envié. Tu as besoin de soutenir ta réputation de manière à ce que le premier venu ne l'ébrèche, et vois-tu, il faut un autre coup de collier avant que de te marier par amour.

Le propos d'un écervelé renversa en une minute ce que la sagesse du vicomte d'Urtal avait eu tant de peine à édifier, et encore avec trop peu de solidité. Lucien écouta, en frémissant de colère, les extravagances que Charles débita, et Charles, acharné dans ce moment contre les Saint-Olben dont il attendait des merveilles, croyait avoir fait beaucoup pour eux en contraignant leur fils à se couper la gorge avec le baron de Courtenai; ce qui certainement n'aurait pas eu lieu, si un autre témoin avait agi à sa place. Or, comme M. d'Urtal avait rendu de lui un très-mauvais témoignage, le ministre s'était promis de ne rien faire pour lui.

Ce bon républicain, ayant l'âme un peu vindicative, cherchait à se revancher en semant la zizanie entre deux hommes qui pouvaient en venir à des excès fâcheux.

Le jeune Adolphe ne songeait qu'aux dix-huit cents francs que lui valait le poste dont il devait l'obtention aux vives instances de Lucien. Certes, pour lui en montrer la reconnaissance, il aurait dû combattre les assertions toutes fausses de Charles, et il n'en fit rien par une raison excellente : *cela ne le regardait pas*. Ainsi, une opinion inspirée à son ami sur un propos prétendu, lâché à son désavantage, ne le regardait point. Les hommes sont faits ainsi : il aurait été tout ardent s'il se fût agi d'un mot propre à le desservir dans l'esprit de son nouveau patron.

Lucien gardait un silence morne; il comprenait qu'en accédant aux désirs de sa famille, il s'entacherait de lâcheté vis-à-vis des personnes de sa conséquence ; il luttait avec son amour, que tant d'incidens et d'attaques ne détruisaient pas. Mais que la vanité a de force ! avec quelle vigueur elle comprime lorsqu'on réveille les sentimens les plus tendres ! Lucien se dépitait contre Charles, contre tout Paris, et cependant la conversation continuait entre les deux camarades.

— Ainsi, disait Charles à Adolphe, tu passes dans la résistance?

— Dieu m'en garde! je me maintiens ce que je suis; je m'attache au roi constitutionnel qui a rempli toutes les promesses de juillet.

— Il n'en a tenu aucune. La patrie est esclave; la France est avilie, ruinée, vendue aux carlistes, aux prêtres.

— Et où vois-tu cela? Qui n'imprime point tout ce qu'il lui plaît? N'avons-nous pas sauvé la Belgique? contenu les chouans dans la Vendée? On empêche le clergé de se rebeller : demande-le à Lucien, et qu'il juge.

— A Lucien! au fils d'un ministre! il est aujourd'hui du juste milieu. Mais voici Théophile; je consens à ce qu'il décide.

Théophile, le troisième ami, entra dans ce moment. Il fit des complimens sans fin à Lucien, bien que les deux autres le tirassent vers eux afin de l'établir arbitre. Lui enfin, cédant à leur tyrannie, écouta les motifs que l'on exposa. C'était à lui à décider si la France était mourante ou pleine de vie; il écouta avec une attention extrême, puis :

— Eh! eh! dit-il, tout ceci est très-incertain encore; vous exagérez en deux points opposés.

— Comment, Théophile! dit Charles, as-tu changé de pensée depuis samedi dernier? Tu exécrais alors la monarchie actuelle.

— Je ne me suis jamais exprimé en termes pareils.

— Bien loin de là, repartit Adolphe; car, hier, tu me disais que le roi était un grand homme et méritait tout notre amour.

— Tu ne répètes pas exactement mes paroles; je ne suis jamais aussi positif.

Lucien, en ce moment, s'adressant à Théophile, lui demanda s'il avait vu le directeur qui devait le porter sur son travail.

—Oui, lui fut-il répondu; j'ai de sa part de belles espérances, et j'attends après la réalité.

Ainsi chacun des trois camarades de Lucien s'exprimait selon sa position respective: Adolphe, en homme satisfait; Théophile, comme il convient à un habile prêt à passer dans l'un ou l'autre camp, selon que la chance tournera; et Charles, en repoussé, et, par suite, en amateur furieux de la république.

XXXII.

LA PEUR DANS UN MINISTÈRE.

Non possidentem multa vocaveris
Rectè beatum.

HORACE, v. IV, ode II.

Le nom d'heureux n'appartient pas à celui qui possède de grands biens.

Le vicomte d'Urtal, fort intrigué de l'obstination bizarre de Lucien, et craignant, avec juste raison, qu'Éleuthère ne se prêtât pas à ce caprice, imagina, avant de prendre des mesures victorieuses avec les Saint-Olben, d'aller chez le baron de Courtenai le sonder, pour deviner, s'il le pouvait, le fond de sa pensée. Éleuthère rentrait au moment où le vicomte se présentait à sa porte ; il le fit monter avec lui dans son appartement, et là ils ne tardèrent pas à causer d'une façon sérieuse.

—Votre noble aïeule est partie ? dit M. d'Urtal. Son départ a été bien sensible à madame Saint-Olben, qui espérait qu'elle honorerait la noce de sa présence.

— La noce! répéta Éleuthère avec surprise, tandis qu'il retenait mal un mouvement de mauvaise humeur; puis, prenant celui d'une fermeté menaçante : Quand aura-t-elle lieu cette noce ? demanda-t-il.

Le grand usage du monde sauva au vicomte la manifestation imprudente de l'effroi que lui causa cette question à brûle-pourpoint et si peu dans la dignité d'un Courtenai ; mais, comme il en apprécia la portée dangereuse, il s'empressa d'y répondre sans hésitation :

— Aussitôt que Lucien pourra en supporter le bonheur, et dès qu'il vous plaira de la fixer.

— Monsieur, reprit alors Éleuthère en donnant à sa physionomie une expression solennelle, on parle beaucoup de ma rencontre avec M. Lucien Saint-Olben; il est impossible que des calomnies, que des méchancetés très-noires ne soient la conséquence de ce fâcheux événement; il convient donc de les faire finir sous le plus bref délai possible. Cependant, j'y mets une condition : M. Lucien ne fera pas à ma sœur l'affront de lui donner une indigne rivale, il renoncera à la personne à laquelle il rend des soins : à ce prix, mademoiselle de Courtenai sera sa femme. Je vous autorise à lui dire que si une première fois nous l'avons refusée, il a dû s'en prendre à cette intrigue que je connaissais, et qui par suite devait peu m'engager à lui confier le bonheur d'Hélène; mais, de quelque manière que la chose s'arrange, il faut qu'elle le soit dans le délai d'un mois ; d'un mois, entendez-vous ?

Le vicomte entendait trop bien ; il voyait tout à coup jaillir un obstacle auquel rien ne l'avait préparé ; il pensait, et peut-être savait-il, que Lucien rendait des soins à une ou deux demoiselles du monde, et ne s'imaginait pas que ce fût assez sérieux pour que la demoiselle en pied le disputât effrontément avec chance de succès à sa future. Maintenant il se rappelait les phrases mystérieuses prononcées avant le duel, et celles plus significatives que Lucien, ce matin même, avait tenues devant lui ; il en concluait qu'il y aurait, au mariage projeté, un écueil périlleux...... Il s'y perdait cependant ; car comment allier cette intrigue, purement galante sans doute, avec cette passion véhémente que son jeune ami affichait peu auparavant pour sa belle cousine ? Ceci compliquait beaucoup une affaire d'abord si simple en apparence, et qu'il fallait tirer au clair sur-le-champ. Il s'en tira vis-à-vis du baron de Courtenai en lui certifiant son ignorance entière sur le point aujourd'hui mis en avant.

— Je suis persuadé, ajouta-t-il, que c'est une folie de jeune france, une de ces niaiseries d'hommes de vingt-quatre ans, et qui n'a ni racine ni consistance. Certes, Lucien ne saurait être assez mal avisé pour balancer entre deux personnes aussi prodigieusement séparées par leur position respective; je réponds qu'il ne fera pas à sa cousine l'affront d'hésiter un instant. Quant au délai que vous déterminez, il est convenable, je pense d'ailleurs comme vous, qu'il ne doit être dépassé que dans le cas où M. Dupuytren le jugerait nécessaire.

Ceci était une planche de salut que le vicomte, en politique consommé, se réservait en cas de besoin; il essaya, par des détours adroits, de tirer de bonnes paroles d'Éleuthère en faveur de Lucien, ou qui pussent mieux lui apprendre ce qu'il ne faisait qu'entrevoir. Il y perdit sa peine: le baron de

Courtenai ne laissa rien échapper de ce qu'il ne voulait pas dire. Tout ce que put en conclure M. d'Urtal, c'était que celui-ci, profondément irrité contre le jeune Saint-Olben, ne retenait l'explosion de sa colère qu'en faveur du mariage, et que certainement, si ce mariage n'avait pas lieu, il se porterait à une extrémité violente.

Pleinement persuadé de ce point, et ayant vu en outre qu'Éleuthère approuvait peu la visite que madame Saint-Olben avait faite à Hélène au couvent de...., il jugea, dans sa sagesse, que, pour ne pas gâter cette affaire, il fallait se hâter et employer les grands moyens : en conséquence il prit conseil du baron de Courtenai, et s'en retourna en grande hâte au ministère. Dès que la dame du lieu le vit arriver, elle s'empressa pareillement de lui demnder des nouvelles de sa double mission.

— Je l'ai, dit-il d'un ton sérieux, remplie avec zèle; avec succès, je ne m'en flatte pas.

— Comment! repartit avec vivacité madame Saint-Olben, est-ce que les Courtenai reviendraient à leur refus désobligeant? Notre situation présente...

— Ce n'est point de leur part, répliqua le vicomte, que naît aujourd'hui l'obstacle; c'est monsieur votre fils qui ne se soucie pas d'épouser mademoiselle de Courtenai.

— Allons, allons, dit en riant l'interlocutrice, vous plaisantez, et je vois, grâce à Dieu, que tout est conclu à notre satisfaction commune.

— Ne vous bercez pas de cette douce idée; ces noces pourraient rappeler celles où la discorde fit des siennes.

— Quelle folie!

— Madame, dit le vicomte plus gravement encore, voudriez-vous faire appeler monsieur Saint-Olben? ce que j'ai à vous dire exige sa présence.

— Quoi! la mienne ne suffit pas? j'ai les pleins pouvoirs du ministre.

— Je souhaite qu'il vienne, le cas est majeur; vous-même, lorsque vous le connaîtrez, serez charmée de ne pas en prendre toute la responsabilité.

— Savez-vous, mon digne ami, que vous avez réussi à m'épouvanter? que se passe-t-il donc... dans notre position, qui peut nous être défavorable? Puisque les Courtenai....

En parlant ainsi, elle sonnait de manière à briser le cordon. Dix domestiques, ou huissiers, ou garçons de bureaux, ou même gardes urbains, accoururent à ce tapage, ne sachant point si le feu n'était dans ce quartier de l'hôtel. En même temps arriva de l'intérieur de l'appartement madame Jarmin, non moins connue.

— Eh! madame, s'écria-t-elle, éprouvez-vous vos suffocations ou vos palpitations cruelles?

On lui répondit:

— Ma chère, renvoyez ces messieurs; leur service m'est inutile, et vous allez sur-le-champ au cabinet de son excellence, prier monsieur le ministre d'interrompre tout travail quelconque, et de venir ici, qu'il le faut; vous entendez, Jarmin, il le faut!

— Oui, madame.

Et la soubrette partit enchantée d'enlever le ministre à ses occupations. Elle arriva jusqu'à lui par une porte privilégiée, et le trouva enseveli parmi deux ou trois montagnes de papiers : c'étaient des demandes, des projets, des plans de budget, des tableaux expliquant l'art de grouper des chiffres, des rapports sur le personnel de l'administration. Trois secrétaires intimes se tuaient à débrouiller ce chaos ministériel, et son excellence suait à grosses gouttes rien seulement qu'à les voir se démener, car elle ne faisait rien, et tenait une plume par contenance.

Jarmin sauta lestement par-dessus des corbeilles où l'on entassait ce monde de documens par ordre de matière, et, s'adressant au ministre, dont elle respectait peu le caractère:

— Monseigneur, lui dit-elle (ou *monsei-*

gneurise et son *excellencise* encore, mais incognito et dans le mystère de la maison), madame vous fait dire de passer tout de suite dans son appartement.

—Moi! à cette heure, avec mon portefeuille à vider, ces lettres à répondre et le débrouillé de conseil...

— A votre volonté, monsieur, repartit la femme de chambre plus familièrement; mais puisque vous ne pouvez venir à madame, madame ne manquera pas d'arriver jusqu'à vous; il faut absolument qu'elle vous parle.

—Ma pauvre Jarmin, je me dois à l'État.

— C'est donc un refus que je vais rapporter à madame, qui est si souffrante; la pauvre créature, on ne l'épargne guère!

— Encore malade?

—Toujours, monseigneur: elle se tue; c'est une femme si méritante, si douce... Ah! si elle ne grondait pas vos gens, vous feriez une bonne maison. Elle est justement aujourd'hui si agacée de ses nerfs, tant irritée....

— Diable! diable! dit le ministre en se

levant, je ne peux demeurer ici lorsque madame souffre. Messieurs, poursuivit-il en s'adressant à ses commis, continuez la besogne; je ne la perdrai pas de vue, elle est déjà toute classée dans ma tête. Mettez de l'ordre surtout, afin que l'on s'y reconnaisse plus tard.

Il sortit après cette allocution d'habitude, et dès qu'il eut tourné le dos les trois secrétaires entassèrent sans cérémonie, pêle-mêle dans les corbeilles, les rapports, les projets, les lettres, les chiffres, et oncques, plus maître ou commis ne s'en tourmentèrent. Il y eut peut-être des réclamans, et, pour se débarrasser de ceux-ci, on leur dit que le dossier qui les concernait avait été renvoyé à leur préfet, et ces bonnes gens courent encore après leurs pièces justificatives.

Le ministre, qui aspirait à gouverner la France despotiquement ou constitutionnellement, ce qui est la même chose, ne savait lutter avec avantage contre sa ferme moitié: une longue habitude de soumission lui interdisait envers elle le principe de la résistance. Il fit donc en cette circonstance ce que toujours il avait fait, cédé et murmuré en accomplissant cet acte d'obéissance. Il arriva enfin dans la chambre de madame Saint-Olben, précédée de Jarmin, la camariste en chef, qui, d'un ton de voix triomphale, dit :

— Voici M. le ministre, et aussitôt elle se retira.

Le ministre fit son entrée d'un pas lent et solennel. Il y avait sur son front un nuage de mécontentement dont madame Saint-Olben reconnut la présence ; aussi, prenant la parole :

— On vous a dérangé, monsieur ; on vous a enlevé aux méditations les plus hautes ; mais vous avez comme père un autre navire à diriger, et votre concours lui devient maintenant nécessaire.

— Eh bien ! qu'est-ce ? demanda l'ex-banquier. Bon soir, vicomte... On ne peut me laisser aux travaux de mon cabinet. Lorsque je le quitte, tout va mal; le contre-coup s'en fait ressentir au fond de la France.

— Il est vrai, répondit le vicomte malignement, que cette douce patrie est par trop bouleversée.

— Qu'avancez-vous là? repartit le ministre; jamais il n'y a eu autant de tranquillité. L'union la plus touchante nous assure un beau règne; les impôts sont payés avec une exactitude...

— Combien de révoltes contre les droits-réunis et les autorités a annoncées ce matin le télégraphe? fut la question de M. d'Urtal.

Le ministre, machinalement et sans y entendre malice, répondit :

— Neuf seulement.

— Et hier?

— Onze.

— Et avant-hier?

— Quatre.

— En vérité, mon cher Saint-Olben, la paix règne en France comme l'ordre à Varsovie.

— Comment!... quelle conclusion!... Vous détournez mes paroles. On se soulève, j'en conviens; mais on s'apaise. Or, dès le moment que le calme se rétablit...

— Oui, le clavier d'un piano qui baisse, qui monte, qui se relève, qui retombe... Monsieur le ministre, si ce n'est pas la guerre, convenez que c'est un accord un peu troublé.

Saint-Olben, qui n'avait pas de temps de reste, allait en perdre beaucoup à soutenir l'excellence du système de ce ministère dont il faisait partie, lorsque sa femme lui rappela qu'on l'avait fait venir pour traiter avec lui d'une affaire de famille, et à la suite, reprit celle du mariage de Lucien avec Hélène, depuis le début jusqu'à ce même jour. Le ministre prêta à sa narration une attention extrême, et, quand elle eut achevé, il se mit à dire :

— Mais je ne vois là que des jeux d'enfant, et crois ce maudit coup d'épée provoqué sans doute par un malentendu. J'ai la confiance que les Courtenai seront, avant peu, unis doublement aux Saint-Olben... Avec quel plaisir le roi-citoyen signera ce contrat de mariage !

Et le ministre de s'extasier.

— Il convient, monsieur, et je le fais à regret, répondit le vicomte d'Urtal, que je vous retire de la béatitude dans laquelle vous vous perpétuez ; une influence d'autant plus maligne qu'elle est cachée en grande partie s'oppose à ce mariage, et avec tant de futilité que son résultat infaillible sera la perte de votre fils... sa mort, veux-je dire.

Madame Saint-Olben poussa un cri affreux, et le ministre regarda celui qui parlait avec une stupéfaction peu commune. La première demanda sur quoi un pronostic aussi funeste était fondé.

— Sur ce qui est, répliqua le vicomte, sur la détermination ferme et très-extraordinaire de M. de Courtenai que le mariage ait lieu promptement et dans un délai précis qu'il trace impérativement, et sur le dessein non moins arrêté de votre fils de l'éluder et peut-être de ne plus en vouloir.

— Je vous ai affirmé que cela ne pouvait être, dit madame Saint-Olben.

— Et moi je vous proteste que la chose est telle que je vous l'avance. Lucien a plusieurs motifs, à ce que je crains, pour se tenir à cette résolution folle, peut-être du dépit contre son futur beau-frère dont il jalouse les diverses sortes de supériorité, et ensuite à cause d'une maîtresse qu'il a, fille de mauvaises mœurs selon toute apparence, et qui, j'ai charge de vous le conter, a été cause seule du premier refus que vous avez essuyé de la part des Courtenai. Le baron Éleuthère connaît l'existence de cette créature, et, tout en voulant que sa sœur soit tôt épousée, il y met pour *ultimatum* que Lucien aura d'abord congédié sa belle à tant par jour. Je doute que celui-ci montre une telle condescendance au moment surtout où il paraît peu disposé à se marier avec sa cousine. Il résultera de sa résistance, de son opiniâtreté un second, un troisième duel, un quatrième enfin, jusqu'à ce qu'il ait couché sur le carreau son adversaire, ou que M. de Courtenai ait remporté ce triste avantage. Je dois vous faire observer qu'il est d'une adresse sans pareille, et connu dans l'armée comme étant ce qu'on y appelle l'héritier du général Fournier, et moins toutefois de sa réputation.

— Mais... mais, repartit le ministre tandis que sa femme réfléchissait, vous êtes désespérant, mon cher vicomte! croirai-je que les choses pourront aller aussi loin? M. de Courtenai ne sera-t-il pas retenu par les égards dus à ma position?...... Elle est assez agréable... je peux beaucoup, et si par hasard ce monsieur franc carliste trempait dans une conspiration en faveur de Henri V, je serais en droit de le punir tout en concourant à la sûreté de l'État, et avec un bon préfet de police bien adroit dans les fournitures on va loin, je vous assure...... Quoi! mon fils a une maîtresse!... c'est mal... très-mal...

Le haut administrateur prononça ces derniers mots avec une mollesse extrême. Madame Saint-Olben ne le laissa pas achever, et se hâtant de répondre, parce qu'elle avait pris sa résolution :

— Vicomte, dit-elle, je vous remercie ; sans vous nous n'aurions pas vu clair dans cet abîme, et notre fils aurait été perdu ; je reconnais avec vous qu'une raison forte dicte la volonté de M. de Courtenai et la sotte résistance de Lucien. Il y a deux moyens de vaincre cette dernière, en allant d'abord à mon fils, ce que je ferai moi-même, et vous en complétant vos bons offices, ce qui consistera à traiter avec cette péronnelle pour qu'à prix d'or elle abandonne Lucien ; si elle s'y refuse, on la fera mettre aux Madelonnettes.

— Et la liberté individuelle ?

—Je m'en moque : ou le ministre sera sans pouvoir, ou il agira. J'aime mieux d'ailleurs, s'il peut se servir d'une raison politique, qu'on fasse d'une fille de la rue, qui ne tient à rien, une agente d'Holy-Rood, que de se servir du prince de Courtenai, dont la défense serait plus facile.

Le vicomte admira, dans son for intérieur, combien les libéraux de la monarchie constitutionnelle étaient prestes à se servir des ressources tant décriées de la royauté absolue : ceci le confirma plus que jamais dans la pensée que l'on n'avait voulu, en faisant une révolution, que se mettre à la place des occupans. Il tut son idée, et approuva celle de la dame, qui poursuivit :

— Oui, l'intrigue tournerait mal; ce baron de Courtenai m'épouvante, sa vertu ferme, son sang-froid, sa raison supérieure auraient trop de supériorité sur notre étourdi; mais (et se reprenant) pourquoi maintenant tient-il tant à cet hymen ? Je vois, il est vrai, avec plaisir que son refus reposait sur un point qui ne nous était plus désagréable.

— Pourquoi il y tient, repartit Saint-Olben, parce qu'outre ma fortune je suis ministre.

— Non, monsieur, riposta le vicomte; le baron de Courtenai ne fait point de pareils calculs d'intérêt, il n'est mu en ceci, à ce que je présume, que par la crainte de la réputation compromise de sa sœur. On a répandu le bruit du mariage, l'envie s'est exercée sur ce fait; il y a eu peut-être des calomnies répandues, et lui pense que le seul moyen de les faire finir est d'arriver à la conclusion de l'affaire, et si vous avez en moi quelque confiance, suivez le conseil que je vous donne, celui de ne pas retarder.

XXXIII.

LA TROMPERIE.

.... *Per amicum fallere nomen,*
Tuta, frequensque licet sit via, crimen habet.

OVIDE, *Art d'aimer*, chant I.

Tromper sous le masque de l'amitié est un moyen sûr et trop ordinaire, mais ce n'en est pas moins un crime.

Dès que le ministre fut retourné dans son cabinet, que le vicomte d'Urtal se fut retiré également, madame Saint-Olben, montant en voiture, se hâta de se faire conduire à son hôtel de la Chaussée-d'Antin ; elle trouva Lomont qui sortait de chez son maître, et, comme elle en était convenue avec M. d'Urtal, ordonna au valet de se rendre aussitôt chez ce dernier, sous le prétexte dont elle s'avisa. Lomont, ne se doutant pas de ce qu'on lui voulait, obéit et s'éloigna soudain.

Madame Saint-Olben entra dans la chambre de son fils. Il se promenait d'un air assez délibéré, et on pouvait reconnaître qu'il était en pleine convalescence.

— Je reviens à vous, dit la mère, afin de causer de votre avenir. Vous voilà sur le point de recommencer votre vie ordinaire, et c'est le moment de consacrer votre première sortie à votre père d'abord, et puis à votre charmante cousine. Le docteur fixera le jour; je préviendrai le baron de Courtenai, et tous les trois nous irons faire une apparition au couvent d'Hélène.

— Ce sera toujours avec plaisir que je verrai mademoiselle de Courtenai.

— Je n'en doute pas, et la satisfaction de votre part sera d'autant plus entière que cette visite précédera immédiatement vos noces.

— Oh! quant à celles-ci, répondit Lucien, elles n'auront pas lieu de quelque temps; je compte aller prendre les eaux de Barrége avant que de me marier.

— Les Pyrénées sont en mesure de vous attendre, dit madame de Saint-Olben qui s'efforçait de paraître gaie, tandis qu'il serait inconvenant que votre cousine fît ainsi; vous commencerez par vous marier, et puis vous serez libre de prendre votre volée si alors la fantaisie vous vient de quitter une femme charmante.

— Je ne veux pas me marier encore de quelques mois au moins, répliqua Lucien, tâchant de son côté de faire de la fermeté.

— Écoutez, mon fils, dit alors la dame voyant qu'il ne fallait plus éluder le fait principal, j'ignore ce qui a pu naître dans votre cervelle légère depuis le jour précis où, avec les démonstrations d'un amour passionné, vous êtes venu, conduit par votre seule impulsion, me demander la main de ma nièce: vous avez pris par là un engagement dont rien ne peut vous libérer que son exécution; j'entends que vous ne nous placiez pas dans une position difficile; votre père pense comme moi.

— L'indépendance des jeunes hommes a été proclamée par la révolution de juillet, répondit Lucien; nous n'avons pas renversé le gouvernement de la branche aînée pour ramper sous un joug oppresseur...

— Lucien, dit sa mère en l'interrompant, auriez-vous encore le délire de la fièvre? dans ce cas, il faut vous faire soigner, des sangsues vous seront nécessaires.... Trève à ces plaisanteries: vous devez épouser votre cousine, elle est digne de votre amour, ne mérite aucun reproche et nous convient pour fille. Le malentendu qui a porté ses parens à la refuser à notre demande n'existe plus: aussi l'affaire est conclue et elle aura lieu dans le délai d'un mois.

— Je suis donc un esclave?

— Vous êtes un homme qui avez manifesté des intentions qu'il vous faut tenir, voilà tout.

— Je veux bien épouser Hélène, mais pas encore.

— Quelle en est la raison ?

Lucien garda le silence; sa mère répéta la question en insistant.

— La raison!... à quoi bon la dire? elle ne serait pas comprise.

— Je vous remercie de la part que vous accordez à mon intelligence... je n'ai pas besoin d'apprendre de votre bouche le motif honteux qui vous retient; vous avez un attachement pour une créature perdue, et cette rivalité honteuse outrage mademoiselle de Courtenai.

— Ah ! pardieu, s'écria Lucien en frappant du pied contre le parquet, monsieur le baron de Courtenai a de la discrétion et je lui dois de la reconnaissance !

— Ne l'accusez pas mal à propos : notre ami M. d'Urtal a dû le voir de notre part, causer avec lui, afin de connaître à fond votre funeste querelle. M. de Courtenai n'est point un enfant, il a répondu avec une pleine franchise; nous avons su que vous auriez dès l'abord obtenu la main de sa sœur, si sa famille ne vous avait pas connu une maîtresse. Ceci n'avait rien d'offensant pour nous : aussi ai-je éprouvé un vif contentement lorsqu'on me l'a rapporté. J'ai cru qu'il ne vous coûterait point de renoncer à une fille du monde, et nous avons remercié M. de Courtenai de la délicatesse de son aveu; il ne peut vous offenser, car enfin il nous rassure; c'est une matière plus facile à accommoder que toute autre dont votre honneur réciproque aurait pu souffrir.

J'ai dit que, par l'effet de l'éducation d'enfant gâté que Lucien avait reçue, il aimait médiocrement son père et sa mère. Il y a des familles malheureuses dont chacun de ceux qui les composent sont en état permanent d'hostilité les uns envers les autres : celle-ci était dans ce cas. Lucien, égoïste d'ailleurs, non moins que son cher père et que sa digne mère, orgueilleux pareillement au plus haut degré, ne se déciderait jamais, dans aucune occasion de la vie, de façon à sacrifier sa volonté personnelle à la fantaisie de ses parens opiniâtres; enfin, par-dessus tout, il se maintenait dans sa résistance pour qu'on ne se flattât pas de le dominer. Il aurait donc, dans le cas présent, dû soutenir son opinion émise, et le faire avec vivacité; mais, par une inspiration instantanée et après avoir réfléchi un instant, il se rapprocha de madame Saint-Olben, qui attendait avec impatience sa détermination dernière.

— Vous le voulez, dit-il, il vous plaît absolument que je me marie sous peu, eh bien! j'y consens; je laisse les détails de cette grande cérémonie à votre disposition et n'y mettrai aucun obstacle. Quant à cette demoiselle qui tourmente tant le baron de Courtenai, et peut-être n'en connaît-on la cause qu'imparfaitement, je suis disposé à la remettre, s'il veut, à sa protection galante. J'espère cependant qu'on aura soin de ses intérêts.

— Certainement, mon fils, répliqua madame Saint-Olben enchantée, elle aura un bon bureau de tabac; cela lui revient de droit. A qui donc en donnerait-on avant elle? Je vous promets qu'en outre on la logera décemment, qu'on la gratifiera d'un millier de louis... Est-ce assez au gré de votre fantaisie?

Un geste affirmatif de Lucien fut son unique réponse; sa mère ensuite lui demanda quel jour il voulait prendre pour aller au couvent d'Hélène faire la visite de futur mari.

On était au samedi de la semaine. Lucien, qui ne se sentait pas complètement remis en pleine santé, parut désirer ne quitter la maison que le mercredi suivant. Sa mère ne fit aucune objection sur ce jour; elle prévint seulement Lucien qu'elle allait faire auprès des Courtenai absens ou présens les démarches d'usage. Lucien encore ne dit rien. Là-dessus, madame Saint-Olben alors s'informa du nom et de la demeure de cette maîtresse qu'il fallait réformer; elle obtint tous les renseignemens nécessaires; il ne se retint sur rien : aussi le quitta-t-elle transportée.

Le même soir et de nouveau M. d'Urtal reparut au ministère très-désappointé, car ce drôle de Lomont s'était renfermé dans une discrétion à toute épreuve, ne voulant rien dire, et par la raison de son ignorance absolue sur le fait qu'on espérait éclaircir avec lui.

— Nous n'avons plus besoin de nous tourmenter, mon excellent ami, répondit la dame, la victoire est pleinement gagnée; Lucien s'est amendé de lui-même, il a fixé le jour de l'entrevue solennelle. Et à la suite de ce début elle raconta ce que le lecteur sait déjà. Elle fut écoutée avec attention, avec surprise. Ce brusque retour de Lucien étonna le vicomte outre mesure. Cependant lui aussi y crut, car enfin il était plus extraordinaire que Lucien s'obstinât à repousser sa charmante cousine.

— J'avoue, dit-il, que ce dénouement inattendu me charme ; je me méfiais toujours de quelque catastrophe fâcheuse, d'une seconde rencontre entre ces jeunes gens. Maintenant, nous voilà tranquilles : qu'avons-nous à désirer?

— Que le baron de Courtenai épouse Athénaïs. Nous sommes dans une position où il est convenable que ma fille devienne princesse; je ne vois pas pourquoi celle de...... aurait l'avantage de ce titre sur la nôtre.

Le vicomte convint de la justice de cette prétention, puis s'informa curieusement de cette demoiselle de Merseil dont, avec beaucoup de peine, il se rappela le père qu'il avait rencontré dans les salons du premier consul.

— C'était un fripon ; sa fille devait être... ce qu'elle est... Je la verrai de votre part.

— Oui, une commission pareille vous

plaira... à votre âge........ Ah! vicomte! vous ne changerez jamais!

— Et qui change? ma chère amie, n'êtes-vous pas toujours belle? avez-vous rien perdu de vos charmes et de votre esprit?

Madame Saint-Olben prit pour vrai cette maligne épigramme : c'était par de tels retours que M. d'Urtal maintenait son crédit sur elle. Bientôt après, le ministre parut. On lui parla et du mariage décidé, et de mademoiselle Eugénine de Merseil. A ce nom prononcé, lui aussi cherchant dans ses souvenirs :

— Attendez, dit-il.... je crois.... eh! oui, mon fils m'a recommandé de donner mes soins à une réclamation de créances pour fournitures arriérées... et à telles enseignes que la somme assez ronde........ deux cent mille francs environ, devait être partagée avec lui... La réclamante était fille d'un M. de Merseil.

— C'est justement cela, dit le vicomte en éclatant de rire, et où en est l'affaire?

— Entièrement liquidée, le droit étant incontestable d'après les arrangemens pris avec Lucien.

— Et l'argent ?

— Est compté depuis la semaine passée.

— Je pense, dit alors M. d'Urtal en s'adressant à madame Saint-Olben, que vous n'avez plus à vous tourmenter du bien-être de cette fille, car, certes, Lucien n'aura rien retenu du pot-de- vin

— Il aura eu tort, repartit le ministre avec vivacité, un pot-de-vin, c'est très-convenable, tout le monde en prend, même les plus hupés!

— N'importe, dit madame Saint-Olben, j'ai promis un bureau de tabac.

— Il y en a un, répondit son mari, que je réserve pour cette veuve d'un procureur du roi mère de cinq enfans, sans fortune, et dont le mari a servi l'État pendant trente-six ans.

— Elle attendra, et l'amie de mon fils sera servie avant elle.

— Ah! pour le coup, s'écria le vicomte, ceci est par trop fort, et je m'oppose à cette abominable injustice; que la veuve passe la première, sinon je ne me mêle plus de rien!

— Allons, allons, vicomte, redresseur de torts, protecteur des orphelins, on vous satisfera, dit le ministre, mais aux dépens d'un décoré de juillet, qui, parce qu'il a participé à la prise du Louvre et des Tuileries, se figure avoir sauvé la patrie. Et nous donc qui depuis nous sommes tant trémoussés!

— Ils vous en redoivent, répondit le vicomte riant, ils vous en redoivent ces polissons qui se sont battus pour votre compte sans que jamais on le leur ait soldé. Quant à ce monsieur, je ne prendrai pas sa défense; il est juste qu'il cède à une fille, car à tout seigneur tout honneur.

On agita ensuite une autre question, celle des démarches à faire vis-à-vis des Courtenai. Il fallait renouveler la demande à la vieille marquise, formalité convenable, et qui, passant par l'intermédiaire du baron

Éleuthère, serait accueillie. Le ministre écrivit une lettre, que sa femme apostilla afin que tout fût dans l'ordre, et ces soins divers terminés, on regarda la chose comme entièrement conclue. Le vicomte promit d'aller le lendemain apporter au frère d'Hélène la missive des Saint-Olben et prendre jour avec lui pour le conduire au ministère.

Lorsque M. d'Urtal s'acquitta de cette commission, Éleuthère, après avoir pris la lettre adressée à son aïeule, dit :

— Je suis au désespoir de ne pas me trouver assez de magnanimité pour consentir à voir M. Lucien aussitôt qu'on le désire; je ne pourrai peut-être me vaincre qu'après le mariage de ma sœur, ou du moins au dernier moment; c'est ici un secret que je vous confie. J'accepte sa réparation; je vous réponds du consentement de la marquise; mais, pour éviter de ma part tout éclat désagréable aux deux familles, je vais ce soir même partir pour le château paternel, sous le prétexte de vouloir être l'intermédiaire zélé de cette affaire. Mon oncle viendra me remplacer à Paris : c'est, je présume, assez pour contenter les exigences de la maison du ministre.

— Elles ne peuvent aller jusqu'à prétendre vous faire violence, répondit le vicomte; quant à moi, j'approuve ce voyage; il me persuade de votre sincérité. Il est trop vrai que, dans la situation où vous êtes à l'égard de Lucien, une parole, un rien serait capable de vous animer de nouveau l'un contre l'autre. Un espace de quelque quarante lieues y mettra bon empêchement. Je vous excuserai auprès des Saint-Olben de façon à contenter leur superbe; ils verront dans ce départ un effet de votre envie d'achever la conclusion de cette alliance.

— Ils y verront ce qu'ils voudront, peu m'importe ! tout ce que je souhaite, c'est que ma sœur soit heureuse : je doute de son bonheur.

Le vicomte, charmé de la tournure que

sa négociation avait prise, essaya de rassurer Éleuthère sur l'avenir de mademoiselle de Courtenai. Il fut écouté avec une incrédulité apparente. Il prit bientôt congé.

XXXIV.

LES PRÉLIMINAIRES D'UNE NOCE.

Avec quelle facilité, dans les grandes affaires, on se plaît à ne s'occuper que des petits détails.

Recueil de Maximes.

Éleuthère, avant de quitter Paris, se transporta au couvent... Il demanda Hélène ; elle vint au parloir.

— Ma sœur, dit-il, ta destinée est fixée; tu as voulu pour mari ton cousin, tu l'auras... Eh bien! pourquoi ce trouble, cette pâleur, voilà que tu effraies Georges (Georges avait suivi le baron de Courtenai:) aurais-tu, de ton côté, changé d'avis?

Des larmes abondantes furent la première réponse de la jeune fille à une nouvelle qui contentait le plus vif désir de son cœur; elle était en ce moment si tourmentée, si malheureuse, que ce passage subit à un meilleur sort lui causait une émotion peu commune: elle n'était pas la seule à en éprouver de ce genre. Le Klephte, lui aussi, venait d'être atteint par un coup mortel. Ce mariage, appris si inopinément, brisait son âme, et d'abord il n'eut pas l'énergie nécessaire à comprimer en entier le désespoir affreux dont il était dévoré. Il s'assit machinalement, baissa la tête et parut ne plus s'occuper de la conversation. Hélène, enfin, balbutia quelques paroles où la pudeur luttait contre sa satisfaction.

—Oui, vous épousez votre cousin, poursuivit Éleuthère; il viendra mercredi prochain, accompagné de sa mère, et de sa sœur, vous faire une première visite. Le délai nécessaire à la cérémonie ne passera pas un mois. Je pars ce soir pour aller prendre à ce sujet les ordres de votre aïeule; car, quant à ce qui est de son consentement, elle ne peut plus le refuser.

Un vif coloris couvrit les joues d'Hélène. Son frère continua :

— Je resterai auprès de la marquise jusqu'au jour de la noce; mais votre oncle arrivera mercredi pour me remplacer ici.

— Vous partez, Éleuthère, vous m'abandonnez; je vais donc rester seule ?

— Jusqu'à mercredi, est-ce un siècle ?

— Sans personne des miens? Oh! attendez que le comte se rende à Paris !

— Puisqu'il faut absolument, repartit Éleuthère avec une gaîté apparente, bien que dans le son de sa voix l'aigreur ne manquât, puisqu'il faut qu'un des nôtres vous tienne compagnie, et plût à Dieu que jamais, en effet, nous ne vous eussions manqué, je vais nommer un ambassadeur auprès de votre majesté, un personnage grave qui viendra chaque jour vous rassurer; ce sera Georges, s'il vous convient.

— Moi! s'écria l'adolescent, qui tressaillit et se leva avec précipitation, moi! et pourquoi faire ?

— Comment! bandit grec, vous refuseriez de représenter les Courtenai, vos empereurs légitimes?

— Je vous obéirai en tout, répliqua le Klephte joyeux de ce rapprochement inattendu, et le plaisir qu'il en éprouvait lui faisait presque oublier sa douleur profonde.

Hélène, humiliée par le sens caché des paroles de son frère, n'insista plus sur son désir d'avoir toujours auprès d'elle un de ses parens; elle se tut et allait charger Éleuthère des expressions de sa tendresse pour son aïeule, lorsqu'un nouveau tapage tel qu'il avait eu lieu une autre fois annonça la venue d'une visite extraordinaire; c'était madame Saint-Olben. La contrariété d'Éleuthère fut complète: cependant il fit de nécessité vertu; il causa avec grâce, adressa les complimens d'usage à la future belle-mère de sa sœur, et s'excusa de son départ précipité sur les convenances qui exigeaient qu'on allât auprès de la marquise d'Armenseine.

Madame Saint-Olben approuva tout, le combla aussi de politesses, et, ne sachant de quelle manière témoigner sa satisfaction, et avisant le jeune Grec, qui possédait en entier l'amitié d'Hélène, crut faire à celle-ci une chose agréable en disant à Éleuthère :

— Voilà un petit garçon qu'il me prend fantaisie de vous demander en otage de votre prompt retour.

— Je vous l'accorderai avec d'autant plus de facilité, répondit Éleuthère, que je me déterminais à le laisser à Paris jusqu'à l'époque où j'y reparaîtrais.

— En ce cas, monsieur le Klephte, vous êtes à moi, dit en riant madame Saint-Olben. Oh! la figure maligne! Qui boudez-vous? à qui en voulez-vous?

— Il souhaiterait, répliqua Hélène, que mon frère restât, car, dans son amitié, il n'admet pas l'absence. Le vilain méchant est presque fâché de n'avoir à consoler que moi.

Georges ne se défendit que par un regard... Qu'il y avait de la profondeur et du chagrin dans cet éclair rapide!

— Il ne dira rien, poursuivit la dame qui était en veine de gracieuseté.

Georges, comprenant qu'il fallait répondre, se décida enfin à remercier la femme du ministre, ajoutant que le chef (Éleuthère) lui avait recommandé de venir chaque jour savoir quelle serait la volonté de la princesse Hélène.

— Non-seulement vous remplirez ce devoir, lui fut-il répondu, mais encore vous viendrez en calèche avec ma livrée, et vous apporterez à ma nièce un bouquet qui aura au moins votre taille.

Ce point réglé, Éleuthère embrassa sa sœur, fit ses dernières civilités à madame Saint-Olben, et se retira emmenant Georges qui devait remercier la comtesse d'Aubeterre de l'hospitalité qu'elle lui avait accordée.

Madame Saint-Olben, restée seule avec Hélène, la combla de ses caresses, lui parla de la joie que toute sa famille aurait de la posséder, excusa Lucien de ce qu'il ne paraissait pas encore, sur le respect qu'il portait aux Courtenai; bref, elle fit merveille, et ne quitta sa nièce qu'après l'avoir embrassée à plusieurs reprises. Elle s'en alla, en sortant, d'abord chez madame Gromeliers, où elle conta que l'union était arrêtée entre Lucien et la princesse de Courtenai, se répandit en vaniteuses espérances, et fit entendre clairement que sa fille ne s'allierait pas plus mal que son fils. De là, toujours poussée par la même pensée, elle courut chez madame Leballier, dont la fille venait d'épouser le duc de....., et, dès l'entrée :

— Eh! bonjour, ma divine, que je vous baise sur vos joues fraîches comme dans notre bon temps! Je vous vois peu, j'en suis désolée ; mais un ministère est une attache pesante.

— Est-ce que vous vous en mêlez ?

— Certainement. Qui représente ? c'est moi : d'ailleurs, le ministre s'est, de tout temps, si bien trouvé de mes avis, j'ai tant aidé à pousser sa fortune, qu'il me consulte dans des occasions... Aussi, vous voyez comment vont les affaires... A propos, où est votre fille... madame la duchesse ?... Elle a fait un très-grand établissement ; son mari est de grande noblesse, il n'y a rien à dire... Quant à moi, je marie Lucien : je lui donne une jeune fille sage, vertueuse, belle, bien apparentée, cousine du roi, et descendue des rois de France et des empereurs de Constantinople et de Trébisonde, mademoiselle de Courtenai.

La femme de l'ex-banquier alongeait les mots de cette dernière phrase, afin qu'ils portassent plus profondément. Madame Leballier, qui avait cru, en donnant sa fille à un duc, atteindre le *nec plus ultrà* de l'illustration sociale et laisser à une distance énorme derrière elle toutes ses amies, ressentit un mouvement de colère jalouse à cette communication, qui relevait si brillamment les Saint-Olben ; aussi ne put-elle se retenir de dire :

— Bon Dieu ! est-il possible que vous donniez votre fils à la sœur d'un homme qui a voulu lui enlever la vie?

— Est-ce donc dans le monde une chose si extraordinaire? ne se bat-on pas tous les jours avec ses meilleurs amis? On n'en a pour cela que plus d'affection l'un pour l'autre. Ces messieurs avaient été trop crédules : un mensonge répété a causé leur querelle, l'éclaircissement a eu lieu, et ils ne peuvent mieux témoigner la sincérité de leur reconnaissance que par cette alliance;... peut-être fera-t-on mieux encore avec le temps.

Ce que madame Saint-Olben laissait entrevoir du mariage de sa fille avec le prince de Courtenai acheva de percer l'âme de la belle-mère du duc... L'altération de ses traits le laissa à connaître, et réjouit pleinement celle qui s'en aperçut; elle continua de retourner le fer dans la plaie, fit sonner bien haut l'alliance de sa famille avec la famille royale, ajoutant :

— Soit la branche aînée ou la cadette qui l'emporte, il n'est pas moins vrai que mon fils devient leur parent : cela lui procurera, à la cour, des distinctions naturelles, dont les personnes les plus qualifiées ne seront pas en droit de le fâcher.

Il fallut que madame Leballier supportât ce dernier coup de massue; et lorsqu'une grimace mal déguisée, sous un sourire forcé, eut manifesté sa peine, la femme du ministre leva le siége, partit enchantée, et s'en alla dans dix autres maisons de la haute boutique et du haut commerce répandre la même nouvelle et causer le même désespoir. Jamais, depuis que son mari avait un portefeuille, elle ne s'était présentée à tant de portes et n'avait tant tenu à rencontrer les personnes qu'elle venait voir. Il était heure de dîner quand elle rentra de sa tournée amicale, harassée de fatigue, rayonnante de joie, et impatiente de raconter à sa fille les tortures féodales auxquelles elle avait malignement soumis toutes les libéralités des intimes : c'est une satisfaction qu'on se refuse rarement à Paris... et en province.

Il ne fut question dès ce jour que du mariage *étourdissant* du jeune Saint-Olben avec la princesse de Courtenai. L'ancienne noblesse tonna de l'indignité de cette alliance ; on s'en irrita dans plus d'un salon de notre faubourg : il ne fut pas une maison qui, depuis Louis XIV, s'était fumée par des mariages d'argent avec la finance qui ne fît plus de bruit que les autres. On ne pardonnait pas aux Courtenai de se relever grâce au coffre-fort d'un illustre du juste-milieu ; on leur en faisait un crime irrémissible, tandis que sous main on brocantait un hymen de ce genre.

Le nouveau régime en eut quelque joie, à part pourtant les jalousies personnelles :

ceci passa en forme d'hommage rendu à ce que les riches d'aujourd'hui appellent l'égalité, qui consiste uniquement dans la fusion de grandes familles avec les leurs. On répéta que nous étions sous le meilleur gouvernement possible; et comme un personnage auguste dansait en bon lieu, on alla lui corner aux oreilles que le petit Saint-Olben devenait son parent.

Tandis que ces choses se passaient, Georges, devenu de nouveau le commensal de la famille du ministre, éprouvait une joie mélancolique à ne point voir Lucien, qui ne devait rentrer chez son père qu'après avoir été rendre ses hommages à mademoiselles de Courtenai. Sa mère employa la journée du lundi et du mardi à parcourir les magasins de Delille et de tous les célèbres marchands de nouveauté; elle alla chez les bijoutiers les plus à la mode, fit des acquisitions chez Gloria, en passe de fournir l'élite de la bonne compagnie française et étrangère. Elle pria M. Bilfeldt de préparer ses pinceaux pour peindre Hélène dans toute sa beauté, et Scheffer, le sublime auteur de *Marguerite* et de *Faust*, reçut la même invitation. Elle tenait aussi à avoir son buste de la main d'un homme de génie, ce qui fit qu'elle choisit Foyatier.

Jamais on ne vit femme plus occupée, ne négligeant rien, veillant à tout; et dès le lundi, n'oubliant pas d'envoyer, comme elle l'avait dit, le joli Klephte en grande parure et en véritable *infiochi* romain, porter à mademoiselle de Courtenai un énorme bouquet des fleurs les plus rares et noué par un cordon de rubis. Le pauvre enfant, son cœur gonflé par la douleur la plus sentie, n'était pourtant pas insensible à l'éclat de sa parure et aux regards que les passans jetaient sur lui; mais à mesure qu'il se rapprochait du couvent, il devenait soucieux, un nuage sombre descendait sur sa physionomie animée, et quand la calèche s'arrêta dans la cour il boudait complètement.

Ce fut avec cette mauvaise humeur qu'il aborda Hélène et lui remit le présent somptueux de madame Saint-Olben; il ne l'accompagna d'aucune parole et se tint debout devant Hélène, ayant les yeux remplis de larmes et s'apprêtant à sangloter.

— Georges, lui dit mademoiselle de Courtenai, sais-tu que tu es beau comme un ange?

— Oh! que je voudrais être un démon! s'écria-t-il, afin que la laideur de mes traits fût en rapport avec la souffrance de mon âme.

— Monsieur, taisez-vous! ne changerez-vous jamais?

— Je changerai avant peu, j'espère, lorsque..... Il s'arrêta.

— Georges, lui fut-il dit, je ne vous aime plus.

A ces paroles foudroyantes, l'adolescent, consterné, se précipita aux genoux de celle qui le gourmandait, et implora la révocation d'une rigueur si funeste. Il s'accusa de méchant caractère, de caprice; il promit d'être sage, de ne se plaindre jamais; et il était si plein de jeunesse, de charme; sa physionomie se montrait si expressive, ses yeux si ardens, ses prières furent si véhémentes, qu'Hélène, d'ailleurs bien disposée pour lui, ne put se maintenir dans sa colère.

Une femme, quelle que soit sa vertu, est toujours indulgente à l'égard de ceux qui pèchent par l'excès de l'affection qu'ils lui portent.

Georges, d'ailleurs, faisait d'autant plus de pitié à celle-là qu'elle-même n'était pas heureuse autant qu'une autre à sa place l'aurait été. Le silence prolongé que Lucien gardait envers elle lui coûtait des soupirs et souvent des pleurs. Elle ne se rendait pas compte de ce qu'il eût dû faire pour la maintenir dans la certitude de sa passion; mais un instinct particulier lui inspirait la pensée que, depuis le jour de son duel, il n'avait pas cherché à lui faire rien dire; il s'était renfermé dans un silence absolu peu ordinaire à l'amour, et pourtant lui en avait tant témoigné!!! Quelle preuve restait-il à donner qui pût la convaincre de la force d'un tel attachement?

Le chagrin qu'Hélène éprouvait minait en secret sa santé; elle éprouvait déjà un malaise inaccoutumé, des inquiétudes, des apparences singulières dont elle dérobait avec soin la présence, dans le seul but de ne pas laisser lire avec trop de facilité dans le secret de son cœur. On reconnaissait qu'elle avait moins de fraîcheur, que ses yeux se plombaient. L'absence de ses parens, les traces d'une position équivoque, suffisaient à causer son état : aussi on s'en tourmentait peu. Qui, en outre, veille avec un tendre intérêt sur une jeune fille lorsque sa mère n'est point là?

Georges, plus attentif que les autres, et quand il revint le mardi, s'aperçut du dépérissement de mademoiselle de Courtenai. Il lui en parla avec cette véhémence qu'il mettait à tout ce qui se rapportait à elle.

—Ne t'en tourmente point, lui dit Hélène;

je vais bien. L'absence de mon frère me contrarie; il me tarde de le revoir.

— Ton oncle arrivera demain.

— Demain! oh! la belle journée, s'écria Hélène, dont les yeux étincelèrent de la flamme de l'amour et du contentement.

Georges, au contraire, grima ses traits, et cassa dans ses doigts une canne d'ébène garnie d'or qu'Athénaïs Saint-Olben lui avait donnée la veille. Hélène ne fit pas semblant de s'en apercevoir, et le Klephte ne montra pas autrement la douleur qui augmentait dans son âme passionnée. Il prolongea sa visite autant qu'il put; et, quand il s'éloigna, toute sa personne exprima la vivacité de son chagrin. On n'avait pu, pendant ces deux jours, le faire aller vers le fils de la maison, où voulaient le conduire madame ou mademoiselle Saint-Olben : il s'y était refusé avec une opiniâtreté sans égale.

Cependant on continuait les préparatifs de la corbeille somptueuse; on décorait dans le ministère un appartement avec des fonds d'utilité publique, et c'était pour loger le jeune couple. Madame de Saint-Olben recommençait avec le vicomte d'Urtal le grand travail de la liste à dresser des invitations à faire pour la noce, où l'on comptait déployer un luxe inusité. En tête de cette liste, on avait mis *parens des futurs*, et sous ce titre venait d'abord la famille royale et puis toutes les maisons de princes les plus illustres. Il fallait voir avec quel appétit d'orgueil le ministre, sa douce moitié et sa fille lisaient et relisaient ces noms féodaux qu'ils semblaient s'approprier, comme s'ils eussent été eux de leurs proches véritables! Ensuite venaient les notabilités du gouvernement et un choix savamment décidé de ce que l'on appelait avec une dédaigneuse gaîté le *commun* des martyrs : c'était ce qu'autrefois on aurait appelé la perle de l'industrie. Oh! comme on change suivant sa condition du moment!

Pour cette fois, le ministre ne trouva pas étrange que les amis les plus anciens fussent écartés, qu'on n'appelât à ces fêtes des élus que les sommités de la garde nationale ; et, lorsque M. d'Urtal demanda en riant si l'on ne placerait point là les Lebarnon, de peur qu'une seconde fois ils ne vinssent d'eux-mêmes, il lui fut répondu que ce n'était plus à craindre, parce que, depuis quatre jours, ils étaient partis pour la Provence, où une excellente recette d'arrondissement leur avait été donnée.

— Ils n'auraient pas mieux obtenu s'ils avaient bien servi l'État, dit le vicomte d'Urtal.

— Trève de sarcasme! répondit la dame. Sommes-nous au pouvoir uniquement pour servir ceux que nous ne connaissons pas ? Je mets en premier ; mes amis..... savez-vous que, par le temps qui court, vous-même pourriez vous préparer à venir prendre place dans la Chambre des pairs?

— Ah! ma chère amie, sauvez-moi d'un ridicule! s'écria le vicomte, véritablement effrayé. Est-ce quand tous mes amis s'en retirent que je voudrais y entrer? Je me ferais siffler par les gens raisonnables.

— Vicomte, vous pensez mal; vous êtes par trop frondeur : le gouvernement actuel est une si belle chose!

— Qui en doute? vous en faites partie. Et le vicomte, en baisant la main de madame Saint-Olben, atténua la malice de cette dernière épigramme.

On se prépara pour le lendemain, dont le cérémonial fut réglé en famille. Lucien arriverait à midi pour déjeûner avec ses parens, ensuite on partirait tous ensemble pour le couvent... où l'entrevue solennelle aurait lieu en présence du comte de Lombel, qui arriverait, à ce qu'on croyait, dans la matinée; de là, on reviendrait au ministère, où un dîner de cinquante couverts devait être donné aux *intimes*... Cinquante!! c'était bien peu pour un ministre millionnaire.

Dans la soirée du mardi, madame Saint-Olben reçut une lettre de remercîment pour l'obtention d'un bureau de tabac et signée

Eugénine de Merseil. On y manifestait une reconnaissance sans bornes, on y laissait lire clairement qu'on regardait ce cadeau comme un dédommagement du cœur qu'il fallait abandonner. Il y avait dans le style la facilité dont une femme ne manque presque jamais, unie à des expressions guindées de mauvaise compagnie. La lettre finissait par une déclaration précise de rupture, et, quoi qu'il pût arriver, on conjurait la digne protectrice de ne pas accuser la sincérité de celle qui, désormais, prenait l'engagement de ne plus recevoir les visites d'un jeune homme qu'on n'avait admis que par la confiance qu'on avait de sa pleine liberté.

— Voilà, dit M. d'Urtal, une commère prudente à retirer son épingle du jeu! Vous avouerai-je, ma chère amie, que j'aime peu cette précaution; elle m'a l'air d'être faite avec connaissance de ce que nous ignorons.

Oh! répondit madame Saint-Olben, esprit méchant et porté à mal juger du prochain, que trouvez-vous là-dedans de si extraordinaire? Cette péronnelle est enchantée de nous; elle atteste de sa soumission, voit ce que nous sommes. Il est vrai que dans notre position...

— Avez-vous vu Lucien aujourd'hui?

— En avais-je le temps? j'avais un million de courses. Et vous?

— On m'a refusé sa porte; j'en sors. Il vient de se jeter dans un cabriolet, m'a dit votre portier, et de se mettre lui aussi sans doute à courir les quartiers de Paris. Vous n'aurez pas les honneurs de sa première sortie.

Ceci fâcha quelque peu madame Saint-Olben; elle aurait voulu que son fils eût pensé à elle, et se flatta jusqu'à minuit qu'il avait le désir de la surprendre. Mais il fallut se coucher sans qu'il se fût montré. On s'endormit avec le projet de le gronder le lendemain, et on s'en fit une consolation.

XXXV.

UNE FOLIE.

Juvenile vitium est, regere non posse impetum.
SÉNÈQUE, *la Troade*, acte II, scène II.

Le plus grand défaut des jeunes gens est de ne pas savoir se modérer.

Hélène dormit peu pendant cette longue nuit qui sépara dans cette semaine le mardi du mercredi. Des songes rians, pendant les courtes heures qu'elle donna au sommeil, la refirent de sa longue veille; elle allait voir

Lucien, Lucien qu'elle aimait avec tant de franchise et à qui sa tendresse avait accordé au delà de ce que permet le devoir; elle le reverrait fidèle, empressé, et qu'elle, à son tour, était heureuse! Aussi jamais elle ne parut plus fraîche, plus jolie, à ses compagnes; son teint avait repris son éclat, ses yeux se remplissaient d'un feu brillant et d'un sentiment céleste. On la vit devancer le moment de la récréation (n'étant pas soumise à la règle des pensionnaires) et descendre dans le jardin dont l'immensité à parcourir trompait son impatience; elle savait que la famille de sa mère ne viendrait pas avant deux heures après midi, et, dès neuf du matin, elle était déjà dans toutes les angoisses de l'attente.

A force d'aller et de venir, de dévorer les minutes en variant ses occupations, elle atteignit le moment fixé que constata le timbre de l'horloge. Sans doute qu'elle ne tarderait pas à paraître cette société si ardemment espérée...... Une demi-heure s'écoula, trois heures sonnèrent, personne ne vint. À cinq heures, un valet de pied de madame Saint-Olben lui apporta le billet suivant :

« Ma chère cousine,

» Nous n'irons pas aujourd'hui auprès de vous ; un mouvement trop brusque fait par mon frère a r'ouvert sa blessure. Le docteur le condamne à patienter encore jusqu'à dimanche prochain. Demain, ma mère viendra vous voir ; j'espère l'accompagner, elle vous embrasse et moi aussi. Adieu.

« ATHÉNAÏS. »

Hélène, à la lecture de ces lignes désespérantes, sentit son cœur se resserrer et le besoin de pleurer la reprendre. Vivement inquiète de l'événement fâcheux qui survenait à Lucien, elle en conçut beaucoup d'alarme, s'affligea, se tourmenta, craignit qu'on lui eût caché la vérité, et s'étonna en même temps que la journée se fût écoulée sans qu'elle eût vû nonplus le comte de Lombel, qui devait être à Paris depuis ce même jour. Toutes ces choses la tourmentèrent extrêmement; elle fut non moins surprise de l'absence de Georges, qui ne lui avait pas non plus apporté le bouquet quotidien. Ce fut du milieu de cet océan de pensées tumultueuses et pénibles qu'elle arriva jusqu'à l'instant de se coucher, et, pour cette fois encore, la nuit lui fut longue à supporter, d'autant plus qu'aucun rêve agréable n'en abrégea la durée.

A l'hôtel du ministère arrivèrent, à onze heures trois quarts, MM. d'Urtal et de Lombel : celui-ci, pour ne point manquer aux engagemens pris par Éleuthère, avait couru la poste pendant toute la nuit; il apportait le consentement formel de la marquise la mère au mariage d'Hélène, et une lettre polie pour les Saint-Olben à ce sujet. Il fut reçu avec joie par le mari et la femme, qui simultanément jetèrent un regard sur la pendule du salon et s'étonnèrent que Lucien ne fût pas déjà rendu : sa nonchalance en cette occasion leur paraissant étrange. A midi et demi, on l'attendait encore en vain.

Un postillon lui fut dépêché pour hâter ses pas. On l'excusa en disant que sans doute il perdait le temps à soigner sa parure, qu'il devait s'habiller avec lenteur... Et ces choses plausibles étaient employées toujours en pareilles circonstances pour pallier le tort de celui qui ne fait pas son devoir.

On attendait... on souffrait... La conversation devenait languissante... M. d'Urtal ne la soutenait plus avec sa gaîté ordinaire; il réfléchissait, et ses pensées ne devaient pas être couleur de rose, car il fronçait les sourcils... Madame Saint-Olben, à deux reprises différentes, sonna et demanda si le messager n'était pas revenu. A la dernière, elle ordonna qu'on servît le déjeûner... Georges courait çà et là, plus souvent dans la cour de l'hôtel que d'un autre côté. Il n'était pas avec la compagnie lorsqu'elle quitta le salon pour passer dans la salle à manger...... Il y avait peu de temps qu'on avait pris place autour de la table de bois de citronnier incrustée de nacre, et par conséquent sans nape, sur laquelle étaient rangés des plats de vermeil, lorsque voici venir Georges rapidement, la figure rayonnante, le sourire sur les lèvres et tenant une lettre. Il s'écria:

— Il est parti!... Lucien est parti!

Et ces mots prononcés, il posa la lettre sur les genoux de la maîtresse de la maison, et courut se réfugier derrière le comte de Lombel.

—Il est parti... qui? Lucien!!... C'est impossible.

Ces paroles échappèrent également à tous ceux qui étaient là, tandis que tous se levèrent, exprimant sur leur physionomie l'étonnement et l'inquiétude que leur inspirait cette annonce foudroyante.

Georges le Klephte ne mentait pas; il était vrai que Lucien avait quitté Paris furtivement.

Sa mère, confondue, retomba sur son siége presqu'évanonie, sans avoir la force ni d'ouvrir, ni de retenir la lettre de son fils, qui glissa par terre. Le vicomte d'Urtal la ramassa, et, sur un signe qui lui fut fait, la décacheta, la lut, et puis s'adressant à la compagnie :

— Lucien est fou, dit-il avec autant d'amertume que de chagrin.

Le ministre et sa femme baissèrent les yeux, n'osant regarder le comte de Lombel, dont la figure attestait autant de mécontentement que de surprise. Madame Saint-Olben dévorait ses larmes, et, cherchant à se donner une énergie qu'elle n'avait pas, dit d'une voix tremblante :

— Monsieur le vicomte, achevez de déchirer notre cœur en recommençant à haute voix..... Il est de notre devoir de prouver à une famille aussi respectable....

Un sanglot l'empêcha de poursuivre. Sa fille se détourna pour pleurer. M. d'Urtal alors élevant la voix :

« Ma chère mère,

« J'aime ma cousine, je serai heureux de

m'unir à elle; mais je vous ai dit qu'un long délai avant ce mariage m'était nécessaire, soit pour rétablir mes forces épuisées, soit pour m'accoutumer à mon changement d'état. Je vous l'avais demandé, vous ne vous êtes pas rendue à mes prières. Mon père ferait comme vous; cette rigueur me décide à aller passer quelque temps en Angleterre..... J'ai pris mes mesures, et lorsque cette lettre vous parviendra, je serai hors de la France. Je vous donnerai de mes nouvelles de mon arrivée à Londres, où je vais directement. Assurez ma cousine de la sincérité de mon amour; il a survécu au premier refus de ses parens... Veuillez pardonner à ma démarche; je la fais après avoir réfléchi... Croyez à ma tendresse. Que mon père en reçoive ici l'assurance. Je vous embrasse tous.»

On se regarda réciproquement sans néanmoins rompre le silence, à tel point chacun était anéanti de ce départ, de cette extravagance qui ne ressemblait à rien. Un courroux, justifié par une telle injure, s'amassait sur le front du comte de Lombel. Le Klephte tâchait maintenant de vaincre son allégresse délirante, et, selon l'esprit de sa nation, regrettait de l'avoir naguère laissée trop éclater. Madame Saint-Olben restait incapable de dire une parole ; elle cachait sa figure dans son mouchoir.

Le ministre seul s'écria :

— Mon Dieu ! que va dire le roi ?

Il ne songeait, lui, qu'à la partie politique de cette affaire fatale. M. d'Urtal, conservant seul quelque présence d'esprit, commanda à un domestique d'appeler le postillon, vrai messager de malheur. Celui-ci fut introduit peu après dans la salle à manger où l'on était encore, et là questionné, sur tout ce qu'il pouvait savoir, il répondit que dès la veille au matin, monsieur était sorti de l'hôtel, que depuis il n'y avait plus reparu, et qu'aujourd'hui, vers onze heures, un commissionnaire venu de sa part avait remis au suisse une lettre pour qu'on la donnât à celui qui se présenterait de la part de *madame*. Le postillon s'arrêta là. Il n'en savait pas davantage.

M. d'Urtal demanda si le valet de chambre Lomont était demeuré ou parti avec son maître. Il lui fut répondu que celui-là aussi ne s'était plus montré dès la veille.

Ces renseignemens obtenus et chacun jugeant qu'on ne pouvait en obtenir d'autres, on fit retirer le domestique, et toute la société passa dans le salon. Là, madame Saint-Olben, s'adressant au comte de Lombel, le supplia de croire à son désespoir et à celui de son mari, que jamais ils ne se croiraient assez justifiés envers les Courtenai d'une telle injure, que leur consentement ne l'autorisait pas. « Nous allons, ajouta-t-elle, contraindre Lucien à revenir. Ce mariage aura lieu, je vous l'assure, et si une réparation à peu près dans le même genre, poursuivit-elle en baissant la voix, pouvait vous convaincre de notre sincérité, vous nous verriez empressés à vous l'offrir, à tel point nous tenons à ne pas vous mécontenter.»

C'était offrir d'une façon assez claire la main d'Athénaïs au comte, pour le baron de Courtenai, son neveu, et la dame aurait éprouvé une grande consolation, si cette proposition eût été acceptée. Mais M. de Lombel, se tenant sur la réserve, répondit en termes généraux qu'il avait trop bonne opinion de la famille Saint-Olben pour imaginer qu'elle trempât dans l'acte de folie d'un jeune homme qui manquait d'expérience, bien qu'il appartînt à une époque où ceux de son âge croient en avoir à revendre. Je ne peux, dit-il ensuite, dissimuler mon désespoir de la manière dont l'affaire a tourné. Je suis contraint également à vous répéter que si, plus que jamais, ce mariage devient nécessaire, j'ignore comment mon neveu prendra l'équipée de M. votre fils. Quant à moi, j'avoue que, pour ne point demander à celui-ci raison d'une offense pareille, la première dont une femme de ma famille a été flétrie, il faudra que je ne le revoie qu'au pied de l'autel. Mon neveu peut ne pas avoir ma modération ; je tâcherai néanmoins de le retenir tant qu'il me sera possible, et jusque-là vous ne pourrez être surprise, si je me prive de l'honneur de reparaître ici.

Après avoir ainsi parlé, le comte de Lombel se retira, accompagné par son ancien ami qui, jusque chez madame d'Aubeterre où il était retourné loger, essaya de dompter la juste indignation qui dominait son âme : ce fut sans succès.

— Au moins, lui dit-il, veuillez retarder d'écrire au baron de Courtenai ce qui se passe.

— Cela est impossible, répondit gravement M. de Lombel ; il y a urgence.

— Comment, urgence?

— Ce mariage malheureux doit être conclu dans le délai d'un mois ; cela doit vous suffire.

— Morbleu... morbleu ! s'écria le vicomte consterné ; mais ce jeune homme serait donc un scélérat?

— A peu près, mon cher d'Urtal ; voyez

si Eleuthère ou moi pouvons le laisser vivre?

— Non, certes, vous ne le devez pas, et moi-même, qui lui suis tendrement attaché, car je l'ai vu naître, je prendrais contre lui votre rôle, si, par cas, il ne vous plaisait point de le jouer.

L'un et l'autre se quittèrent. Le comte de Lombel, qui aimait tendrement sa nièce, n'osa ni aller la voir ce jour là, ni lui écrire pour l'informer de ce qui était survenu. Il approuva même l'espèce de délai que le vicomte imagina, en prétextant le rouvrement de la blessure de Lucien, et promit de parler dans ce sens à Hélène, lorsque, le lendemain, il irait l'embrasser.

M. d'Urtal s'en retourna avec promptitude à l'hôtel du ministère. Ce fut lui qui dicta le billet d'Athénaïs à sa cousine, et qui, après ce soin de convenance, ramena en conseil secret les époux Saint-Olben. Ce qu'il leur apprit, cette fois, leur causa un redoublement d'inquiétude. Ils aperçurent l'étendue de l'abîme dans lequel leur fils se précipitait. Ils comprirent que désormais le mariage, s'il était trop retardé, ne serait plus une réparation suffisante, et que le moment arriverait trop vite, où, pour l'obtenir de la part des Courtenai, ce ne serait pas trop que la mort de Lucien.

Cette certitude était assez pénible pour causer un vrai chagrin au père et à la mère. Celle-ci répéta plus d'une fois sa phrase parasite depuis l'avènement de son fier époux au bien-aimé portefeuille, *dans notre situation actuelle*... Et M. Saint-Olben ne put s'empêcher de revenir à son idée favorite, que certainement les Courtenai conspiraient contre le gouvernement actuel.

— Mon cher seigneur, lui dit le vicomte d'Urtal, si vous cédez à la fantaisie que vous manifestez, si vous écoutez les conseils des vils flatteurs qui vous environnent, et que vous attaquiez cette noble maison si indignement traitée par votre fils, elle et moi vous déclarerons une guerre à outrance.

J'ignore, d'ailleurs, si gens placés plus haut que nous vous approuveraient.

— Mon mari, répliqua la dame avec impatience, ne sait trop souvent ce qu'il fait. C'est une pitié de voir ces hommes d'état avoir recours à la police dès qu'une difficulté se présente. Celle-ci est majeure ; elle me fait peur, et, pour la dénouer, je donnerais la moitié de notre fortune. Lucien se perd et nous perd avec lui.

Madame Saint-Olben alors se rappela cette lettre reçue la veille et écrite par Eugénine ; elle fut la chercher, et crut dans la dernière phrase y retrouver la révélation détournée d'un coup de tête de son fils. La chose parut certaine au vicomte, et le ministre, enchanté de pouvoir faire acte d'autorité sur quelqu'un, demanda, assez humblement cependant, si, pour punir le délit de non révolution, il ne serait pas en droit de retirer le brevet de buraliste accordé tout nouvellement à cette malheureuse. On le laissa libre d'agir sur ce point, et lui se hâta de quitter le salon, pour aller commander les écritures nécessaires qui provoqueraient de l'un de ses collègues ce petit coup d'état: ceci le consola quelque peu. Nous sommes dans une époque où l'on se console par des rudesses mesquines des mesures gigantesques qu'on n'ose plus prendre, tant on a d'amis extérieurs à consulter avant de faire montre de fermeté.

Après son départ, le conseil ne se tint que mieux entre madame Saint-Olben et le vicomte. Ils passèrent en revue toutes les conséquences de l'équipée de Lucien, les moyens à prendre pour l'empêcher de devenir fatale. Il s'agissait de ramener à Paris, le plus promptement possible, ce maître étourdi; mais pouvait-on se flatter qu'une lettre serait suffisante à changer sa résolution; la chose semblait impossible.

— Vous seul, mon ami, dit la dame, pourriez obtenir ce résultat important. C'est ici le cas de donner à ce malheureux fils une nouvelle preuve de votre amitié. Allez le trouver, muni des ordres du ministre, des miens; parlez-lui ferme... Au reste, je n'ai pas besoin de vous indiquer ce que vous aurez à faire ; votre affection et votre expérience...

— Aurais-je dû m'attendre, repartit le vicomte, à ce qu'à mon âge il me faudrait traverser les mers pour poursuivre un de nos jeunes hommes, un de ces républicains farouches que la corruption actuelle irrite, et qui ne veulent la restauration du règne de l'échafaud, qu'afin de rétablir en France les bonnes mœurs

— C'est votre... ami, votre disciple !

— Ah! pour ceci, rayez cela de vos papiers. Morbleu! il ne m'a jamais écouté; vous le gâtiez sans cesse : en voilà le fruit.

— Maître d'école suivant la fable de La Fontaine, est-ce lorsque je suis suspendue à la branche et prête à me noyer, que vous me sermonerez intempestivement ?

— J'avoue que le moment est mal choisi; mais il m'en coûte de passer en Angleterre, et néanmoins si je n'y vais pas... Allons, demain, à midi, je me mettrai en route; car, avant de partir, il me faudra revoir le comte de Lombel... Je redoute les Courtenai.

Il avait raison de les craindre. Le reste de la soirée s'écoula, de la part des Saint-Olben à écrire à leur fils, et de celle du vicomte, à se disposer à ce voyage qui lui plaisait si peu.

XXXVI.

OU CONDUIT UNE FAUTE.

Souvent la clarté qui paraît conduire au bonheur
devient le coup de foudre qui
décide notre perte.

MERCIER.

A onze heures du soir, le vicomte descendait les rues solitaires du faubourg Saint-Germain pour regagner sa maison située dans celle de Lille, qu'il s'obstinait à qualifier de rue de Bourbon, lorsqu'au coin de celle-ci avec celle du Bac il aperçut, à quelques pas devant lui, un homme dont il crut reconnaître la tournure, et que certes il croyait bien loin de Paris. Il avança avec précaution, et ne put douter que ce ne fût le valet de chambre de Lucien. Comment se faisait-il qu'il fût demeuré en arrière de son maître lorsqu'on avait dit qu'il était parti avec lui? Lucien, pareillement, aurait-il feint un voyage en Angleterre, tandis qu'en réalité il se serait choisi une retraite momentanée dans les environs? Tout était croyable d'une tête aussi légère. Cette découverte, au reste, charmait le vicomte, peu soucieux de revoir les rives de la Grande-Bretagne: à son âge on devient casanier.

Il se demanda ce qu'il fallait faire: suivre Lomont était le mieux; mais ce drôle, bien qu'il fût à moitié pris de vin, avait encore une marche plus rapide que la sienne, et certainement lui échapperait bientôt. Suffirait-il de conter le lendemain ce fait aux Saint-Olben pour qu'ils parvinssent à éclaircir l'aventure aux moyens que la police mettait en leur pouvoir? Il rêvait à ces divers partis, tandis qu'il suivait toujours Lomont, lorsqu'aux approches du Pont-Royal il rencontra un de ces observateurs en épée et en costume militaire dont on a tant multiplié le nombre depuis que dans la meilleure des républiques, la Charte est devenue une vérité. Frappé tout-à-coup d'une pensée inspiratrice, il fait signe à cet individu de venir à lui, et, se mettant à parler avec rapidité, lui dit que le ministre de.... avait le plus vif intérêt à savoir où logeait positivement cet homme qui cheminait devant eux, qu'il y aurait mille francs à gagner pour qui lui porterait cette adresse, et qu'en preuve cent étaient offerts sur-le-champ, et aussitôt cinq pièces d'or furent mises dans la main de l'observateur.

L'or a une influence prodigieuse partout où on le montre: combien est-il plus énergique dans ce siècle de libéralité! On ne peut se refuser à croire qu'un observateur le méprise plus qu'un ministre, par exemple, plus qu'un souverain même; celui-là d'ailleurs, ne voyant rien de louche dans le service demandé, puisque le rapport serait fait à une machine à portefeuille, accepta le traité, se fit donner l'heure à laquelle le lendemain on le recevrait au ministère, et partit soudain, rêvant déjà que, grâce à la reconnaissante protection de M. Saint-Olben, il monterait en grade dans son arme; et le vicomte, charmé de ce que le hasard lui procurait, reprit le chemin de sa maison.

A ce qu'on appelle l'aurore chez les heureux du jour, c'est-à-dire la matinée étant bien avancée, il arriva au ministère, et ferma la porte de l'appartement de la dame du lieu, qui, bien que profondément affectée de l'escapade de son fils, ne se levait pas plus tôt; elle ne gronda point le vicomte, elle en avait besoin. Lui alors, prenant la parole, raconta ce qu'il savait: ce fut une nouvelle importante. Le ministre fut encore envoyé quérir, afin de la lui apprendre. Il fit faux-bond à deux cents amateurs d'audience, que l'on renvoya à la semaine prochaine *pour cause d'utilité publique*, et se hâta d'accourir où on l'appelait si à propos. Dès qu'il eut entendu ce récit, il donna l'ordre que l'observateur, s'il se présentait, fût introduit sans retard... On le lui amena tout de suite, car il attendait dans la loge du portier.

C'était un de ces hommes accoutumés à la vie de Paris, rompu à l'obéissance envers ceux qui les paient, sauf à s'en dédommager sur ceux qui ne leur valaient rien; qui aurait donné son âme pour son prix réel, un centime peut-être. Au demeurant, il avait bon pied, bon œil, une dose d'effronterie supérieure, et assez de souplesse pour cheminer loin tout autant que s'il eût été général ou doctrinaire.

Jamais, jusqu'à ce jour, personnage pareil n'avait paru en si bon lieu. Son audace en fut presque intimidée; mais comme il savait qu'il serait utile, il se retrouva bientôt à son niveau et entra en matière. Il apprit à monseigneur, car décidément on monseigneurise entre soi les ministres, que le particulier dont il s'agissait, accablé sous les fumées bachiques d'un repas fait avec une dame à la barrière du Maine, s'était laissé choir vers le milieu de la place du Carrousel :

— Je suis venu à son aide, lui ai parlé sagement; il m'a prié de le conduire jusqu'à son domicile, pas très-près, j'assure à monseigneur, mais rue des Vinaigriers, faubourg Saint-Martin. Là j'ai su que ce *particulier* est de son état valet d'un jeune Anglais, que son nom est Martin, et Edward Lowley celui de son maître : tous les deux sont arrivés avant-hier matin de Calais ; leurs papiers sont bien en règle. Quant au numéro de la maison, le voici.

Ceux qui entendirent cet honnête gardien de la tranquillité publique se continrent, ne voulant pas manifester devant lui l'intérêt qu'ils prenaient à sa découverte. On lui compta loyalement la somme que M. d'Urtal lui avait promise ; on accepta les offres qu'il fit de continuer son travail de surveillance et on le congédia, lui très-satisfait, et les Saint-Olben enchantés que leur fils n'eût pas en réalité mis la mer entre eux et lui; car ils ne doutaient point que Sir Edward Lowley ne fût Lucien en personne. Dès qu'il fut sorti, la femme du banquier-ministre dit au vicomte :

—Vous êtes notre providence.

—Remerciez-en le hasard, ou plutôt votre bon ange, répondit-il; si l'on ne m'avait mis sur la route de cet imprudent et ivrogne Lomont, je serais dès aujourd'hui en pleine course sur la route de Londres.

—Que ferons-nous maintenant? demanda le banquier.

—D'abord, dit sa femme, il convient d'établir autour de la demeure de Lucien un système de surveillance qui ne lui permette plus de nous échapper; la police a des millions pour ce genre de petite guerre; et qui peut plus intéresser la paix de l'État que la tranquillité de notre famille?

—Mais, est-ce tout?

— J'ajouterai, repartit le vicomte, que puisque j'allais en Angleterre pour rejoindre Lucien, je peux plus facilement encore faire le trajet qui nous sépare de la rue des Marais. Ce sera demain, à une heure tellement peu en usage pour les visites de ce genre, que certes on ne se méfiera pas de moi; aujourd'hui, si vous le trouvez bon; et ce point réglé, je me transporterai chez le comte de Lombel, qu'il convient de ménager.

— Et moi, ajouta madame Saint-Olben, j'irai bien à mon corps défendant consoler cette pauvre Hélène. Le mensonge me coûtera sans doute; mais il serait trop affreux de lui avouer la vérité. Certainement Lucien reviendra de son caprice, et nous lui ferons entendre raison.

— Il y va de sa vie, ne l'oublions pas, dit d'un ton austère le vicomte d'Urtal.

— Taisez-vous, s'écria madame Saint-Olben, vous répandez dans mes sens une frayeur mortelle! Est-ce dans notre position présente qu'il serait possible de perdre ce cher fils?

Le comte d'Urtal alla bientôt après chez le comte de Lombel; il essaya vainement, à la faveur de leur ancienne amitié, d'en obtenir une sorte de neutralité, et que surtout il retardât le plus possible d'annoncer au baron de Courtenai la dernière équipée du jeune Saint-Olben; il ne put l'obtenir. Il reçut en réponse qu'après avoir bien réfléchi, l'oncle ne s'était pas cru en droit de taire au neveu un fait qui intéressait de près l'honneur de la maison; que, dès la veille, il lui avait écrit, et que certainement Éleuthère reviendrait à Paris sous très-peu de jours. M. d'Urtal, quoique cette inflexibilité de principe lui causât un vrai chagrin, en lui faisant redouter la colère trop juste du père d'Hélène, ne put cependant blâmer ce qu'avait fait son ancien ami; il se serait conduit de même à sa place. Il vit que le seul moyen de prévenir tout accident fâcheux serait d'amener Lucien à une conduite meilleure. Il se promit donc, dès le jour suivant, de lui parler avec force et de le rappeler à la raison.

Il y avait, dans la maison du ministre, un adolescent auquel nul ne songea dans le moment où l'on reçut la nouvelle du départ de Lucien : c'était Georges le Klephte, lui si heureux de ce qui causait une tristesse unanime, et qui, le premier moment passé, tâcha de déguiser sa joie sous une apparence indifférente. On s'y trompa : d'ailleurs, qui soupçonnait la force de la passion dont son âme était dévorée ? On le croyait un enfant gâté, un étourdi et rien au-delà. Ce n'est point en France que l'on suppose ce calme et surtout en un âge aussi jeune, cette énergie de caractère, cette persistance dans la même pensée dont nous sommes presque tous incapables.

Georges était réellement heureux ; il nageait dans un océan de délices ; il se disait :

— Non, le chef ne pardonnera jamais un tel outrage, et il faut du sang pour le laver...

Oui, ma belle maîtresse sera indignée de la folie de celui qui la méprise... La mépriser, l'insulter... se peut-il qu'on ose le faire... et que je le souffre !.. Ah! si j'avais mon poignard maniote... J'en ai vu un sur ce qu'on appelle un quai... il faut que je l'achète...

Et il sourit !!!

Le lendemain, et avant que madame Saint-Olben fût réveillée, avant qu'aucune mesure fût prise au ministère et qu'on pensât à renouveler le bouquet de fiancée flétri de la veille, Georges était sorti. Il courut d'abord sur le quai Malaquais ; là, chez un des marchands de curiosités, il fit l'emplette de cette arme fatale qui lui parut si précieuse. Lorsqu'il l'eut cachée dans les replis de sa riche ceinture de cachemire, présent qu'Athénaïs lui avait fait peu de jours auparavant, il fallut, pour bien placer le poignard, déranger le flacon donné par Thérèse Moline. Georges le mit dans sa bourse de soie bleue, avec des perles d'or. Il se douta qu'Hélène en aurait bientôt besoin, et voulut le lui remettre avec facilité.

Ces soins divers pris, il tourna ses pas vers le couvent où mademoiselle de Courtenai demeurait. On l'y voyait venir chaque jour en voiture. On ne crut pas qu'il fallût lui en refuser l'entrée, parce qu'il se présentait à pied. Hélène, lorsqu'on lui eut dit que Georges le Klephte la demandait, accourut en grande hâte, impatiente qu'elle était d'apprendre de sa bouche des nouvelles de Lucien. Aussi, dès qu'elle l'eut aperçu :

— Eh bien ! Georges, dit-elle, oubliant qu'une telle question lui déplairait sans doute : l'as-tu vu ? comment se trouve-t-il ?

— Je l'ignore, répliqua Georges sans aucune émotion ni bouderie.

— Ingrat, repartit Hélène, vous ne compâtirez jamais à la position de ceux qui vous comblent de témoignages d'amitié !

— J'avoue, dit le Klephte avec malignité, que je suis peu touché du bien qu'on vous fait dans ma personne, et que je peux surtout m'attendrir sur le compte d'un homme dont la santé est assez bonne pour lui permettre de courir les champs.

— Tu es un calomniateur ! s'écria Hélène en rougissant aussitôt : quel mensonge viens-tu me débiter avec cette méchante assurance !

— Vos injures me blesseraient si elles étaient méritées ; mais, par bonheur, que celui tant aimé a pris soin de me rendre justice.

Cette persistance à soutenir sa proposition alarma Hélène, qui, avec moins de véhémence, lui demanda qu'il s'expliquât complètement.

— Oh ! dit Georges, pourras-tu, faible fille française, soutenir le coup qui ébranlerait le courage des jeunes vierges de ma patrie !

— Que s'est-il donc passé ? repartit Hélène dont l'agitation augmentait.

— Crois-moi, ne vois que la grandeur de l'injure : sois Grecque, meurs s'il le faut, mais ne meurs que vengée.

Hélène, après ces paroles, fut hors d'état

de continuer ses questions; elle tomba sur une chaise voisine, incapable de parler, et Georges, la regardant avec autant de mauvaise humeur que de colère, poursuivit:

— Il dit toujours qu'il t'aime; mais sais-tu la preuve qu'il t'en donne? Avant-hier, il partit pour l'Angleterre, et on ne connaît point le moment de son retour.

Assez, assez, cruel enfant! répondit Hélène éperdue, et à qui l'excès de la douleur sauva la faiblesse d'un évanouissement. Ne brise pas mon cœur davantage... Ce coup est trop violent; je ne le souffrirai pas.

Une pâleur mortelle couvrit en même temps son visage; ses yeux se ternirent dans leur brillant éclat; le chagrin de Georges fut extrême. Si le grec vindicatif avait paru jusque-là dans la satisfaction qu'il éprouvait à donner la nouvelle du peu d'amour de Lucien pour Hélène, il retrouva soudainement la vivacité de sa tendresse envers cette amante malheureuse. Aussitôt qu'il eut reconnu la grandeur du coup qu'il lui avait porté, il s'approcha d'elle, fondant en larmes, la conjurant de lui pardonner cette révélation qui lui faisait tant de mal. Hélène demeurait incapable de lui répondre; elle s'affaiblissait de plus en plus, et lui n'osant appeler du secours, car, à cause de son âge et de la petitesse de sa taille, on le laissait seul avec mademoiselle de Courtenai, ne savait que faire... Sa main machinalement se porta sur le flacon de Moline. Il se rappela qu'il lui avait été donné pour aider à rétablir la santé de sa jeune amie. Certes, c'était bien le moment de s'en servir: il ne balança pas à le développer des replis de sa bourse, tandis qu'il disait:

— Hélène, ma douce amie, tranquillise-toi; tu es jeune... il y aura pour toi du bonheur encore... Qui sait ce que Dieu te réserve... Tiens, voici une liqueur préparée par Moline, je dois te la remettre lorsque tu souffriras. Moline assure qu'elle suffira pour te rendre à la santé; car elle l'a composée elle-même: tu dois savoir ce qu'il en est; veux-tu la goûter? peut-être qu'en ce moment elle te sera utile; et il lui présenta le vase de cristal. Hélène, accoutumée dès son enfance aux potions confectionnées par la vieille camariste de son aïeule, et sentant son cœur prêt à défaillir, ne refusa pas la liqueur spiritueuse. Elle la prit d'une main tremblante, et, ayant tiré le bouchon, avala précipitamment le contenu du flacon.

XXXVII.

LE RETOUR INUTILE.

Souvent, lorsque nous voulons revenir dans la bonne voie, si la fortune ne le veut pas, notre amendement est inutile.

LENOBLE.

Le vicomte d'Urtal entra dans la rue des Vinaigriers, au moment précis où l'horloge de l'église Saint-Laurent sonnait sept heures du matin. Il examina les numéros, et parvint à celui où devait être logé Lucien Saint-Olben. Sa prévision en cette circonstance ne se trouva pas en défaut. Ce qu'il avait préjugé arriva : la porte de la maison était ouverte; il entra et rencontra dans l'allée un jeune garçon de dix à douze ans, très-occupé à boire en cachette une portion du lait qu'il avait été chercher pour le déjeuner de sa famille. Sa surprise, en entendant M. d'Urtal lui demander si l'anglais Sir Lowey était au logis, ne lui permit pas de se rappeler la défense que sa mère lui avait faite de répondre affirmativement sur ce point. Lui, avec la naïveté de son âge, dit à l'interrogateur que le jeune Anglais demeurait au premier sur le jardin. M. d'Urtal se hâta de monter l'escalier; il sonna à la porte indiquée; Lomont vint l'ouvrir... On doit imaginer sa confusion et son embarras lorsqu'il se trouva face à face du vicomte, qui, sans daigner lui adresser la parole, le fit ranger d'un geste impératif, passa aussitôt et se dirigea vers la chambre où il présumait que Lucien devait être. Il ne se trompa pas, Lucien était couché, et certes loin de s'attendre à la visite qui lui serait faite, un cri de honte et de surprise lui échappa à la vue de l'ami de sa famille. Il baissa la tête, la cachant à moitié sous ses couvertures, et son cœur se mit à battre avec violence. M. d'Urtal prit un fauteuil, l'approcha du lit, s'y installa, et alors dit d'une voix animée :

— Bonjour, Lucien, vous ne m'attendiez pas; Dieu a voulu que, dans votre extravagance, vous n'ayiez joué qu'à demi le jeu qui désespère vos proches, et dont les conséquences empoisonneront vos jours. Quelle fatalité vous entraîne? où prétendez-vous aller?

— A ma fantaisie, répliqua Lucien, qui, par une réponse brusque, essayait de se donner du courage et de soutenir son coup d'étourderie : je présume que je suis en droit, étant majeur, de me conduire moi-même.

— En vérité êtes-vous encore à vous apercevoir que vos actions protestent contre vos prétentions à l'indépendance; vous agissez en vrai mineur, en enfant, ce qui m'empêchera d'ajouter en malhonnête homme.

— Monsieur, vous me manquez.

— Tant pis pour vous si la sincérité vous blesse, certes je n'irai pas vous en rendre raison sur le pré; et quelque dures que vous soient mes paroles, force vous sera de les écouter jusques au bout.

— Je sais qu'on ne veut nous accorder aucune sagesse, et qu'on proteste contre l'émancipation morale des jeunes hommes.

— Bien jeunes, en effet, dit le vicomte en souriant, vous plus que les autres. Je n'ai qu'un seul moyen pour vous convaincre de votre minorité, de façon à vous interdire toute réplique, c'est de vous demander, et vous ne pouvez plus me le refuser, les motifs réels de cette fuite inconvenante. Je présume qu'ils sont assez graves, pour que vous n'ayez pas à en rougir: détaillez-les-moi, nous devons les connaître; car il s'agit de vous justifier vis-à-vis de tout Paris.

Lucien garda le silence, le vicomte en fit autant; lassé enfin, il reprit la parole :

— Vous vous taisez, et bien vous faites. On a monté votre tête : vous êtes la dupe d'une intrigue ourdie par des misérables qui veulent faire de vous leur vache à lait; on vous a forcé à un premier duel qui doit vous servir de leçon pour l'avenir; on a remplacé un amour honnête par des illusions odieuses; on vous a poussé à jouer le rôle d'un fourbe, d'un traître..... Je vous dis ce qui est, ce que toute la France dira lorsque cette dernière incartade lui sera dévoilée; enfin, on a arraché de votre cœur tous les sentimens vertueux qu'il renfermait.

— Monsieur, s'écria Lucien avec colère, vous abusez étrangement de vos rapports avec les miens, de l'amitié que je vous porte, de ma vénération, car sans elle...

— Vous me provoqueriez en combat singulier; vous le feriez même si mes années se rapprochaient des vôtres. Eh bien! apprenez que, dans ce cas autant que dans celui-ci, ma réponse serait la même : je ne me bats qu'avec des hommes sans tache, et point avec ceux qui, ayant employé la séduction pour déshonorer l'innocence, se servent d'un tel crime dans l'intérêt de leur vanité offensée. Me comprenez-vous, Lucien?..... aurai-je besoin de m'expliquer mieux ?

Lucien, à mesure que le vicomte parlait, perdait de sa colère ; sa figure animée se couvrait d'un voile de honte ; et, cette fois encore, il baissa les yeux, soupira, et se tut.

— Vous ne me répondez pas, poursuivit M. d'Urtal, et vous avez raison. Je sais tout, Lucien,... tout ;... et si aujourd'hui je me contente de vous blâmer, je ne réponds pas que demain je ne vous méprise.

Ce fut un trait cruel dont le cœur de Lucien fut frappé. Une lutte violente s'établit dans son âme ; il ne la déguisa pas à l'extérieur. Le vicomte en apprécia l'importance ; aussi, diminuant l'aigreur de ses propos :

— Lucien, vous oubliez tout ce qui est sacré chez les hommes, votre père, votre mère, vos amis, votre réputation. Devez-vous punir Hélène de la faute de ses parens, si ses parens sont coupables envers vous? Quelle est votre détermination à son égard? ou de la couvrir d'opprobre, de l'avilir entièrement, de l'abandonner à jamais, ou d'en faire un jour votre femme? Dans la première hypothèse, vous méritez que la colère du ciel vous foudroie, et certes elle n'y manquera pas, tant qu'il y aura un Courtenai en vie dans le monde. C'est donc sur vous qu'il vous plaît de faire retomber la confusion et la flétrissure. Quelque vengeance que vous ayez à prendre d'un refus désagréable et non insultant, faut-il oublier que mademoiselle de Courtenai est votre cousine germaine, que son aïeule l'a confiée à votre mère, que vous avez violé en elle tous les droits de l'hospitalité, que vous êtes maintenant plus qu'un étourdi, et que vous êtes en mesure de devenir plus qu'un monstre infâme? Revenez à vous : rentrez dans la voie de la délicatesse et de l'honneur, je vous en conjure;

je suis ici l'interprète de vos proches. Ah! Lucien, voudrez-vous les faire rougir, leur nuire, les perdre peut-être; car enfin, Hélène tient à une famille bien auguste. De quel œil celle-ci supportera-t-elle l'outrage qui retombera définitivement sur elle? Vous voulez qu'on vous place parmi les forts de l'époque, en serez-vous, si vous n'êtes juste? Pesez ces observations dans votre cœur, et non dans votre amour-propre, et j'espère que le problême sera résolu à la satisfaction de ceux à qui vous êtes cher.

Le vicomte d'Urtal débita avec une chaleur entraînante ces phrases sensées et faites pour porter la conviction dans le cœur de celui auquel il les adressait. Lucien, que son attachement réel pour Hélène ne pouvait égarer entièrement, commença à reconnaître l'étendue de ses torts, et à comprendre que sans doute il méritait l'universalité de ce blâme dont on le menaçait; blessé dans son orgueil, hésitant à l'avouer, il balançait encore : son mentor revint à la charge, et, à force d'instances, parvint à lui arracher l'aveu de toutes les intrigues que deux misérables avaient employées pour l'égarer, pour le précipiter dans une suite de fausses démarches, dont il commençait à se repentir.

A mesure qu'il parlait, l'indignation du vicomte croissait tant contre Eugénine que contre Lomont qui lui paraissait encore plus coupable: et néanmoins, il ne savait pas plus que Lucien toute la noirceur de ce vil scélérat; il s'écria :

— Je ne doute point que vous le livriez à la rigueur de la justice; il est impossible que la vie d'un pareil coquin ne soit pas souillée antérieurement d'autres méfaits, dignes aussi d'une punition exemplaire que votre père se chargera de provoquer.

M. d'Urtal, emporté par la véhémence de sa colère, éleva la voix : il ne pensait pas que depuis son entrée dans la chambre de Lucien, Lomont, caché en dehors, et derrière la porte demeurée ouverte, n'avait pas perdu un mot d'une conversation d'abord pour lui seulement intéressante, et dans laquelle il finit par jouer un rôle si important. Épouvanté des conséquences que cette explication aurait pour lui, il ne balança pas à se dérober par la fuite au châtiment dont on le menaçait. Il abandonna soudain la maison de la rue des Vinaigriers, et porta ses pas chez Eugénine, à laquelle il apprit ce qui se passait à leur désavantage.

Cette créature, non moins effrayée, et redoutant aussi la colère des Saint-Olben, possédant d'ailleurs une forte somme, provenant de deux cent mille francs qu'on lui avait rendus, et qu'elle n'avait pas encore mangés, se résolut à prendre aussitôt la la fuite. Elle proposa à Lomont de l'accompagner jusques en Belgique; il ne demanda pas mieux. Les préparatifs du départ furent bientôt faits, les passeports obtenus; et, à deux heures le même jour, ils sortirent de Paris, et arrivèrent à Bruxelles sans nulle encombre. Eugénine, cédant aux habitudes de celles de sa classe, ne se refusa point à se mettre d'abord sous la protection directe de Lomont, qui, au bout d'un mois, décampa avec tout l'argent et les bijoux dont il était dépositaire, et alla se faire prendre et pendre à Londres pour un autre méfait. Son Armide abandonnée, se trouvant sans ressources, et déjà malade, passa en Hollande au service d'un *musico*, où elle termina rapidement sa vie, au sein de la débauche et de ses suites cruelles.

Ce fut donc en vain que la police les fit chercher à Paris avec un soin extrême, oubliant de compulser les registres des passeports, et surprise qu'ils se dérobassent à ses investigations, bien qu'ils ne fussent point voleurs du trésor public.

XXXVIII.

ON MARCHE AU DÉNOUEMENT.

Omnes eòdem cogimur: omnium
Versatur urna, seriùs ociùs
Sors excitura.

HORACE, liv. II, *Ode 3.*

Nous courons tous au même terme. L'heure où chacun
de nous doit y arriver est dans l'urne fatale;
elle sonnera tôt ou tard.

Lucien revenant à lui, en conséquence de sa conversation avec l'ami de sa famille, éprouva cette confusion extrême qui saisit toujours ceux éclairés enfin sur leurs erreurs; il comprenait combien le rôle qu'il jouait depuis quelque temps était propre à le déconsidérer dans l'opinion publique. Mais d'une autre part, la vanité subsistant encore, s'indignait à la pensée que le monde le taxerait de faiblesse; et il ne put s'empêcher que d'en témoigner quelque chose au vicomte d'Urtal.

— Vous occuperiez-vous de ces billevesées? repartit celui-ci; qui songera à vous reprocher une conduite loyale et sensée? des cerveaux brûlés, des républicains, qui ne le sont que parce qu'on les dédaigne ou qu'on les oublie, des ennemis de la haute fortune de votre père; ne vous en tourmentez point, croyez-moi, vous serez dans une passe trop réelle pour manquer aussi d'approbateurs.

Le vicomte acheva de guérir Lucien de ses fantaisies dangereuses à sa tranquillité à venir, et le décida toutefois, non sans peine, à le suivre sur-le-champ à l'hôtel du ministère, dont une fausse honte l'aurait encore éloigné pendant long-temps. Ce fut alors qu'on s'aperçut de la disparution de

Lomont; elle parut naturelle, et on ne s'en informa que superficiellement. Ce fut plus tard que le ministre donna, sans succès, des soins à la poursuite de ce vil coquin.

—Je vous amène l'enfant prodigue, dit le vicomte en entrant dans le cabinet de M. Saint-Olben; il faut en grande hâte tuer le veau gras, car il revient pleinement corrigé de son extravagance.

L'homme à portefeuille, charmé de revoir son fils, lui épargna les reproches, et lui prouva par les embrassemens le plaisir qu'il avait de le revoir. Tous les trois ensuite passèrent dans l'appartement de madame Saint-Olben, qui en eut un réveil agréable. Celle-ci, pour la forme, gronda Lucien, lui reprocha le chagrin que son escapade avait causé à tous les siens; mais sa colère ne put tenir contre les excuses du querellé, qui, par ses tendresses et sa gaîté de circonstance, acheva de dissiper le nuage assombrissant le front de ses parens.

Il fut question ensuite de la manière dont

on apprendrait à Hélène la nouvelle convalescence de Lucien, car on se flattait qu'elle ignorait la vérité. Elle avait su cacher dans son cœur la blessure profonde que Georges avait trop bien réussi à lui faire; et lorsque, la veille, sa tante croyait la tromper par le récit d'une rechute funeste, elle, dévorant sa douleur, avait consenti à se laisser tromper en apparence. On décida que madame Saint-Olben avec Athénaïs reviendraient ce même jour au couvent, et qu'on disposerait Hélène à recevoir le lendemain la première visite de son futur époux. De son côté, M. d'Urtal jugea convenable d'aller faire part au comte de Lombel de ce qui s'était passé. Il n'instruisit pas les Saint-Olben de l'inquiétude que lui inspirait le retour prochain d'Éleuthère, qui sans doute ne reparaîtrait à Paris, cette fois, qu'en vengeur déterminé de sa sœur.

Il avait raison de redouter l'impétuosité du baron de Courtenai. Celui-ci, de retour au château de ses ancêtres, et humilié des mensonges qu'il fallait faire pour cacher à la marquise la conduite inconvenante du jeune Saint-Olben, attendait avec impatience la lettre du comte de Lombel qui lui donnerait des détails de l'entrevue d'Hélène et de son cousin, et qui en même temps fixerait le jour du mariage. Ce fut, on peut l'apprécier, avec une indignation poussée au comble, qu'au lieu de recevoir des nouvelles satisfaisantes, il reçut celle que son oncle ne lui transmit néanmoins qu'avec beaucoup de ménagemens, de la rupture provoquée par la fuite insensée du fils des Saint-Olben.

Éleuthère, à cette révélation funeste, demeura, pendant plusieurs minutes, plongé dans une sorte de délire furieux qui lui enleva presque totalement l'usage de sa raison; il devint pâle, défiguré, ayant les yeux hagards et la bouche écumante; des sons inarticulés sortaient par saccade de ses lèvres décolorées, et il tordait avec rage, entre ses doigts tremblans, le papier fatal qui lui annonçait le déshonneur consommé de sa famille ; il se perpétuait encore dans cette colère si légitime lorsque dame Moline, qui lui rapportait du linge qu'on venait de blanchir, entra dans sa chambre, et fut consternée à l'aspect du renversement de sa noble physionomie. Elle s'enquit, avec un intérêt entier, de la cause qui allumait ainsi les sens d'un homme si réservé dans toutes les actions de sa vie.

— Ne m'interrogez pas, malheureuse ! dit-il, vous qui avez aidé si fatalement à l'humiliation de la maison de Courtenai ; son opprobre désormais sera votre ouvrage. Ah! ne m'interrogez pas!

Ces paroles foudroyantes, loin d'imposer silence à Moline, ne lui donnèrent qu'un désir plus ardent de participer à la douleur du baron de Courtenai. Elle se précipita à ses pieds, et, avec l'accent d'un désespoir sincère, le conjura de briser son âme et de la frapper d'un coup mortel en lui annonçant le mystère qui l'accablait. Ainsi elle mit une telle véhémence dans sa prière qu'Éleutère, vaincu, lui avoua le départ précipité de Lucien pour l'Angleterre, les délais qu'il voulait mettre par là à son mariage avec Hélène, et par conséquent l'impossibilité de sauver la réputation de celle-ci.

Moline l'écouta toujours dans son humble posture, qu'Éleuthère ne put lui faire quitter ; mais elle se releva dès qu'il eut achevé son récit, et le regardant fixement comme elle avait fait depuis le moment où il avait pris la parole, dit enfin :

— Nos péchés sont bien grands, puisque Dieu en tire une vengeance aussi effroyable. Oui, je le vois, les Courtenai seront déshonorés, et cela par la plus sanglante injure que les descendans d'un roi puissent recevoir d'un roturier; et lorsqu'on pourrait éviter par un crime ce dernier degré d'avilissement, vous persisterez à le repousser; votre vertu sera elle-même l'agent funeste qui vous perpétuera dans votre dégradation. Oh! prince, soyez assez magnanime pour la sacrifier à la gloire de vos ancêtres, à la renommée de vos descendans! Je me charge de tout; je serai seule coupable...

— Moline! Moline! femme insensée et que le démon tente dans une vieillesse jusqu'ici irréprochable, repartit Éleuthère avec autant de chagrin que de mécontentement, deviez-vous remplir auprès de moi les fonctions de cet ennemi de notre salut! ne deviez-vous pas plutôt me sauver de ma faiblesse en me prémunissant contre elle?

— Je ne vois que la pureté de l'honneur des Courtenai, repartit Moline, dont les traits prirent l'expression d'une férocité fanatique; vous ne voulez donc pas le sauver?

— Qu'importe, puisque je périrai avec lui...

— Oh! qu'il sera amer ce calice pour ma décrépitude! répliqua Moline, dont les traits se contractèrent de nouveau; et la marquise, comment le supportera-t-elle?

— Avec le secours de la religion que vous

oubliez trop, vous, entichée de pratiques superstitieuses!

Moline sourit horriblement, puis elle dit :

— Reprochez-moi ma science..... Elle est trompeuse?... Non, elle est vraie. N'ai-je pas vu du sang..... du fer..... et du sang, il y en aura !

—Oui, de par Dieu! s'écria impétueusement Eleuthère, du sien, du mien, nous y passerons tous ! Il ne sera pas dit que le dernier des Courtenai ait consenti volontairement à son infamie... Écoutez-moi, Moline, je vais partir dans deux heures pour Paris ; je vais aller en Angleterre, au bout du monde s'il est nécessaire, car il faut que je rencontre cet homme né pour notre perdition. Si je meurs, si mon oncle succombe, alors il faut que cette infortunée reste pour fermer les yeux à notre aïeule ; qu'elle reste souillée, perdue, et vous, qui dans tout ceci êtes si coupable, je vous commande de souffrir qu'elle vive pour son châtiment et le vôtre !

— Je ne me mêlerai plus de ce qui la regarde, puisque vous me le défendez, répondit Moline avec une expression particulière; j'aurais voulu avoir votre attache... Eh bien! n'en parlons plus; que ce qui est fait soit fait, ne nous en tourmentons plus.

— Je compte sur votre parole, Moline.

— Je vous l'engage, prince de Courtenai.

Éleuthère, rassuré sur ce point, n'en demanda pas davantage. Il se rendit chez son aïeule et lui demanda la permission de retourner à Paris sur-le-champ.

— Vous en arrivez, mon fils, dit la marquise; quel soin si pressant vous y ramène?

— Mon oncle, répondit Éleuthère, me mande que ma présence y est nécessaire aux intérêts de ma sœur, que je dois aider à son mariage.

—Est-ce tout? demanda la marquise, dont la perspicacité ne pouvait être trompée.

— Des difficultés se sont élevées......... On peut retarder, et je ne le veux pas.

— Mon fils, vous êtes l'espérance unique d'une maison qui s'éteint, et il me serait affreux d'aller rejoindre mes ancêtres si vous n'étiez pas là pour me fermer les yeux.

— Tranquillisez-vous, madame et bonne mère, répliqua le baron de Courtenai, je m'engage à revenir, et par tout ce qu'il y a de plus sacré, non, je ne vous manquerai point! Dieu ne nous frappera pas d'un tel malheur; mais les choses ont été poussées à un point tel qu'il faut absolument que le mariage de votre petite-fille soit conclu dans deux ou trois semaines au plus tard. On parle dans le monde des délais que l'inconséquence du futur y apporte; ce caprice doit avoir une fin.

— Des caprices! dit la marquise étonnée.

— Madame, reprit Éleuthère en baisant avec respect la main de son aïeule, les jeunes hommes de l'époque actuelle sont quelquefois au-dessous des enfans pour la conduite et la raison: ces directeurs des nations et des rois ont grand besoin de bonnes qui les maintiennent à la bavette. Le cousin d'Hélène est dans ce cas; mais, au fond, lui et la famille apprécient l'honneur que vous leur faites et s'en montreront dignes. Je ne reviendrai qu'avec ma sœur et mon beau-frère.

— Dieu le veuille, mon fils !... Et la marquise, embrassant Éleuthère, consentit à son départ précipité. Il se rendit aussitôt à Auxerre et monta dans le courrier qui passait en ce moment. Ce fut sans parler, sans se distraire de ses pensées de colère et de douleur, qu'il arriva chez la comtesse d'Aubeterre. Son oncle l'attendait, et dès qu'il le vit :

— Éleuthère, lui dit-il, combien je m'en veux de la précipitation que j'ai mise à vous écrire. L'affaire est renouée ; le jeune Saint-Olben n'a pas quitté Paris.

— Que s'est-il donc passé? qu'a-t-il fait? quelle est cette conduite? répondit le baron de Courtenai en proie à un étonnement qu'il distinguait à peine de son courroux ; que doit-il arriver avec un fou qui possède un pareil caractère? jusqu'à quel terme porterons-nous notre patience, notre résignation?

Le comte reprenant la parole, raconta à son neveu ce qui s'était passé, comment Lucien, entraîné par de mauvais conseils, s'était laissé emporter à la fantaisie funeste de se venger du premier refus des Courtenai, en retardant une union qu'il appelait au fond de tous ses vœux; que, découvert par l'effet du hasard et par suite de la course imprudente que l'ivresse avait fait faire à son valet de chambre dans le faubourg Saint-Germain, il n'avait pu résister aux exhortations de M. d'Urtal, et, en reparaissant chez ses parens, était rentré dans le devoir.

Éleuthère écouta ce récit, non point avec un contentement parfait, l'orage amassé dans son cœur y grondant violemment encore, il lui en coûtait d'être forcé de se prêter aux caprices d'un jeune homme qui ne possédait ni son estime ni son affection; ses irrésolutions, ses boutades fantasques lui déplaisaient à l'excès; il y voyait le germe d'une vie à venir, pour sa sœur, semée de chagrins et de tempêtes, et, certes, il aurait bien voulu être en position de pouvoir rompre un mariage qui s'annonçait sous de tels auspices. La seule satisfaction qu'il trouva dans ce qu'on lui apprenait fut la nouvelle de la fuite précipitée d'Eugénine, dont la présence à Paris lui aurait toujours paru un obstacle à l'union nécessaire entre les jeunes époux. Lorsque M. de Lombel eut fini, il lui dit qu'il ne se sentait pas la force d'aller tout de suite chez les Saint-Olben, que la vue de Lucien lui serait trop désagréable et qu'il fallait ne point leur apprendre sa venue. Peut-être, ajouta-t-il, au bout de quelques jours et aux environs de celui de la noce, je serai parvenu à me vaincre. Jusque-là je garderai mon incognito, et, si on le soulève, on y reconnaîtra combien mon cœur est irrité. Je ne vois point qu'il soit nécessaire que les Courtenai poussent trop loin la magnanimité et le pardon des injures envers les Saint-Olben.

Le comte de Lombel, qui déjà redoutait

l'entrevue de son neveu et de Lucien, quoique l'affaire, propre à les diviser, eût été arrangée, ne combattit point la résolution du baron de Courtenai; il le laissa libre d'agir à son gré. Tous les deux convinrent qu'on ne parlerait point de sa venue, et qu'Hélène ne la saurait pas davantage. Éleuthère s'informa de la santé de celle-ci; il apprit avec peine et en rougissant qu'elle était souffrante, que les roses de son teint se décoloraient rapidement, et qu'un feu morne brillait à peine dans ses yeux abattus. Il crut connaître la cause de ce malaise, et ceci ne le raccommoda pas avec Lucien Saint-Olben. Le seul vicomte d'Urtal, dont la discrétion était dignement appréciée, dut être seul mis dans la confidence de l'arrivée d'Éleuthère. La noce, au demeurant, devait avoir lieu le mardi de la semaine d'après celle qui s'écoulait maintenant. Éleuthère, tenant toujours à dérober à son aïeule tout ce qu'avait de désagréable l'hymen de mademoiselle de Courtenai, n'écrivit rien de ce qui maintenant changeait la face des choses, remettant à une époque plus éloignée ce devoir à remplir, et cédant à une sorte de méfiance vague, motivée trop justement par la conduite étourdie de son beau-frère futur. Moline donc ne sut rien, et le retour de Lucien à des idées plus saines ne lui fut aucunement révélé par les cartes, qu'elle consultait tous les jours. Comment aurait-elle pu même le soupçonner, lorsque le jeu magique lui annonçait toujours que l'honneur des Courtenai serait suivi par une catastrophe dont elle connaissait trop la source. Moline, chaque jour et retirée dans sa chambre, disait le double office des agonisans et des morts, et chaque nuit laissait la fenêtre d'un cabinet voisin tout ouverte, afin, se disait-elle, qu'une âme en peine, dont elle attendait la visite, pût arriver jusqu'à son lit sans embarras.

XXXIX.

LE KLEPHTE.

Stat sua cuique dies.

VIRGILE.

Notre dernier jour est fixé irrévocablement.

Hélène, ayant passé tour à tour de la tristesse la plus profonde à une joie tempérée par les fautes de Lucien, ne se sentait pas la force naturelle qui naguère l'animait encore. Frappée peut-être trop vivement par la nouvelle funeste que Georges lui avait révélée, elle sentait un feu interne dévorer son cœur en même temps qu'il la remplissait de tristesse. Elle avait revu sa tante et son cousin sans renaître à la vie, sans reprendre ses illusions d'avenir, qui, si souvent, depuis qu'elle habitait Paris, lui avait procuré des heures si douces. Le pardon demandé par Lucien, elle l'accorda, mais avec une condescendance mélancolique, une morne douleur, dont la cause lui demeurait inconnue. Vainement on lui apporta une corbeille de mariage d'une élégance sans pareille et d'une richesse fabuleuse. Jamais, disait-on, on n'en avait vu une pareille : c'était une réunion de tout ce que le luxe moderne présente de plus recherché et de meilleur goût. Chaque portion de cette corbeille si admirée avait joui des honneurs d'une exposition particulière. Combien elle excita la jalousie dansla sainte maison où on l'apporta! Il ne fut aucune des pensionnaires qui n'en souffrît dans son orgueil. Hélène seule, calme, indifférente, concentrée dans ses pensées sombres, n'approuvait plus aucun sentiment qui pût l'en retirer.

Sur ces entrefaites, et comme on annonçait aux Saint-Olben la venue d'Éleuthère pour le lendemain dimanche, qui devait être l'avant-veille de la noce des deux cousins-germains, Georges le Klephte, qui écoutait le comte de Lombel, se détourna, afin de cacher les larmes dont ses yeux étaient remplis. Bientôt même il quitta le salon et prit le chemin du couvent. Hélène devait en sortir le lendemain pour aller habiter chez madame d'Aubeterre jusqu'au jour où elle deviendrait la femme de Lucien. Dès que Georges la vit, il l'approcha en joignant les mains.

— Hélène, s'écria-t-il, ma bonne Hélène, veux-tu me voir mourir ici?

— Pauvre enfant, répondit-elle, es-tu donc lassé déjà de la vie? faut-il que tu la quittes lorsqu'elle s'ouvre à peine pour toi?

— Oh! réplique l'adolescent, le mauvais

œil s'est ouvert sur ma famille; déjà sa maligne influence a pesé sur mes parens. Sais-tu que lorsqu'en ma présence Eleuthère les fit ensevelir, on laissa dans leur tombe un creux que la terre ne combla pas? c'était ma place.

Hélène le regarda avec une tendre pitié mêlée d'effroi, et lui dit :

— Crois-tu à ces présages?

— Sans doute, lorsque surtout une voix intérieure ne cesse de me dire que le terme approche où je me reposerai pour toujours... et ce moment sonnera plus vite si je reste encore à Paris. Je t'en conjure, chère Hélène, permets-moi de retourner à Courtenai.

— Tu ne veux donc pas assister....

Elle s'arrêta, puis se reprenant :

— Je suis bien souffrante... Tu diras à Moline que cette fois le remède qu'elle a préparé pour moi a manqué son effet; j'éprouve un dégoût invincible de tout ce qui charme les autres, un besoin de repos, un désir de me retirer à l'écart.... O Georges! je ne sais si nous avons bien fait de quitter la demeure de nos pères.

— Ce fut une vraie folie que nous fîmes, repartit Georges. Hélas! toi et moi en fûmes volontairement bien coupables! Te souviens-tu avec quelle vivacité nous souhaitions voir Paris?... Maudite ville, que tu as rendu le Klephte malheureux!... Hélène, permets-moi de partir demain; ne me refuse pas cette grâce dernière; je sens ma tête s'égarer et je n'ai plus de courage. Sais-je de quoi je serai capable, si je supporte la vue de son bonheur?

— Enfant qui joue à l'homme quand tu devrais ne t'occuper que de tresser des guirlandes de fleurs.

— Je saurai faire des couronnes avec des branches résineuses de cyprès.

— Qui sait, répondit Hélène, dont la tristesse redoubla, si ce ne sera pas moi la première à qui elles serviront?

— Je ne le crois point.

Ces mots furent prononcés avec une fermeté qui épouvanta la jeune fille; elle réfléchit un instant, et puis, caressant avec sa jolie main les cheveux bouclés de Georges:

— Tu veux me fuir, eh bien! pars; nous nous retrouverons lorsque le temps aura produit son effet accoutumé sur le cœur des hommes.

— Le temps ou la mort, murmura l'adolescent... Adieu, Hélène... adieu.

Et, après l'avoir embrassée, il s'élança impétueusement hors du parloir et se rendit à l'hôtel d'Aubeterre, ne voulant plus rentrer dans celui du ministre Saint-Olben. Il avait formé le projet d'attendre là le moment où, sans en instruire d'autre personne que mademoiselle de Courtenai, il se mettrait en route, lorsque le premier individu qu'il rencontra dans l'antichambre de la comtesse d'Aubeterre fut le frère d'Hélène, qu'il était loin encore de croire arrivé.

Georges, à son aspect, poussa un cri et vola dans ses bras; il chérissait tendrement Éleuthère, lui aussi avait la meilleure part dans son amitié; il ne put se défendre de lui avouer son désir de quitter Paris; il le supplia avec tant d'insistance de lui permettre le retour à Courtenai, il exprima avec une naïveté si véhémente combien il aimait peu les Saint-Olben, qu'Éleuthère, assez disposé à partager en ce point ses sentimens, finit par céder à sa fantaisie, et il fut convenu que, recommandé au conducteur de la diligence, Georges, le jour suivant, prendrait la route d'Auxerre.

Le lendemain, Georges parti, on annonça MM. Saint-Olben et le vicomte d'Urtal. Éleuthère, à ces noms prononcés, ressentit dans son âme un mouvement tumultueux auquel sa raison imposa silence. Lucien, venant à lui :

— Monsieur, dit-il, vous m'avez battu de toute manière, autant par la supériorité de votre conduite que par l'adresse de votre main; j'ai eu des torts envers vous, la réparation que je vous offre sera le bonheur de mademoiselle de Courtenai.

— Rappelez-vous cette promesse, répliqua Eleuthère, et moi-même je ne me rappellerai jamais du passé; je souhaite que tous l'oublient aussi, et que le nœud qui va nous lier soit durable.

— Il est indestructible, ajouta le ministre, qui tenait à ne pas demeurer muet; nous vous en fournirons toutes les preuves que vous souhaiterez ou qu'il vous plaira exiger de nous.

La conversation continua sur ce ton, et ces messieurs se séparèrent contens en apparence les uns des autres.

Madame Saint-Olben ne se reposait pas sur autrui du soin de veiller à ce que tout se passât aux noces de son fils avec une somptuosité inaccoutumée; elle agissait, se mêlait des moindres détails, appelait autour d'elle le concours des entrepreneurs de fêtes les plus habiles.

— Ma belle amie, disait-elle à madame Gromellier, qui, étant venue la voir, la surprit dans les tracas de cette sorte de ministère, il ne s'agit pas d'un point de peu d'importance, ce mariage ne ressemble aucunement à ceux qui se font chaque jour, un auguste personnage a promis d'y venir comme parent.

— Comme parent! répéta madame Gromellier atterrée.

— Oui et avec raison, car enfin mon fils s'allie à la maison royale; la marquise de Courtenai en a écrit à Holy-Rood et a je ne sais combien de têtes couronnées (la maligne femme de banquier mentait) auxquelles mon fils appartiendra désormais; mes petits-enfans seront assez bien apparentés en Europe.

— C'est... c'est, il faut l'avouer, un beau mariage.

Ce fut tout ce que put dire la chère amie, qui se mourait de dépit.

Madame Saint-Olben ajouta que le roi venait d'accorder un diplome de marquis à Lucien.

— Des titres! s'écria pour cette fois avec

presque de l'indignation madame Gromellier, heureuse de trouver un prétexte d'éclater. Ah! bon Dieu! où allons-nous? Eh quoi! ma reine, on abjure chez vous les sentimens patriotiques de juillet, on va droit au douzième siècle, à la féodalité pure, à la haine de l'égalité; et pourquoi la révolution a-t-elle été faite?

— Vous êtes donc, repartit froidement madame Saint-Olben, de ces gobe-mouches qui ont vu dans l'incident de juillet autre chose qu'une résistance accidentelle, qu'un seul changement de dynastie; revenez de votre erreur, la Charte est la même à part peu d'articles; on y a conservé celui qui maintient l'ancienne et la nouvelle noblesse: dès-lors interdirez-vous au roi la faculté de donner des titres, de créer des nobles? Dans tous les cas, est-il étrange qu'il favorise son cousin?

Cette qualification tomba sur le cœur de madame Gromellier comme un coup d'assommoir. Lucien Saint-Olben pouvant sans ridicule se qualifier de cousin du roi, c'était une rude couleuvre que la banque et le haut commerce avaleraient difficilement. La dame ne put répondre que par un soupir qui compléta le triomphe malin de sa chère amie.

Un seul point tourmentait madame Saint-Olben, le dépérissement visible et rapide d'Hélène. La beauté de celle-ci diminuait; des couleurs fixes et pourpres couvraient ses joues, dont les extrémités se ternissaient en jaune foncé; sa respiration devenait faible, haletante, et ses beaux yeux semblaient s'éteindre comme s'ils n'auraient point dû se rallumer; elle éprouvait des lassitudes continuelles, et augmentant à tel point que le lundi au soir, veille du mariage, les médecins consultés déclarèrent que la cérémonie nuptiale ne pourrait avoir lieu le lendemain, et qu'il fallait la remettre à la fin de la semaine; ce fut un rude coup pour les Saint-Olben et un vif sujet d'inquiétude pour le comte de Lombel et le baron de Courtenai.

Éleuthère avait tenu la promesse qu'il avait faite à Georges, et celui-ci arriva au château de Courtenai, triste et morose; sa venue surprit la marquise d'Armenseine et Thérèse Moline.

— Quoi! lui dit la première, avez-vous été assez méchant garçon pour qu'il y ait eu nécessité de vous renvoyer au moment de la noce?

Georges baissa les yeux; puis, les relevant avec vivacité, jura par la Panagia sacrée que jamais il n'avait cessé d'être sage, et que, s'il revenait, c'était de sa pleine volonté.

—Mais, mon enfant, reprit la vieille dame, dans ce cas, tu es fou de préférer le silence de cette maison aux fêtes brillantes dont tu aurais pris ta part à Paris.

Georges rougit, hésita sur ce qu'il fallait répondre, et dit enfin :

— Je n'aime pas les Saint-Olben.

— Sait-on à ton âge ce qu'on hait ou ce qu'on aime?

L'âme du jeune Grec se développa toute entière dans le regard expressif qu'il jeta sur la marquise. Elle, étonnée de tout ce qu'elle y avait lu, discontinua ses questions et se contenta de dire :

— Dans tous les cas, Georges, sois le bien venu; voici long-temps que nos fleurs et que nos pigeons te réclament; tu leur dois une visite, je ne te retiens plus. Et la marquise, souriant avec bienveillance, congédia le Klephte par un geste d'amitié.

Georges s'éloigna lentement; il se rendit dans le jardin, vers un bosquet où tant de fois il avait joué avec Hélène; il s'assit sur son banc favori, croisa ses genoux et ses mains, et baissa la tête pour rêver à son aise, sans faire attention à la perspective magnifique ouverte devant lui et qu'ornait particulièrement une portion à demi-ruinée du château primitif des Courtenai. Il errait dans un autre monde, et son exaltation méditative se perpétuait depuis long-temps, lorsqu'il en fut retiré par le pas lourd d'une personne qui s'approchait. Son œil d'aigle eut bientôt reconnu Thérèse Moline; elle errait au hasard, et Georges comprit qu'elle le cherchait. Un sentiment qu'il n'eut pas le loisir d'étudier le porta à ne point aller au devant d'elle, et par instinct, car il y en a de bien mystérieux dans l'homme, il souhaita qu'elle ne vînt pas à lui. Mais Dieu n'exauça pas son désir, la vieille Moline parvint au cabinet de verdure qui recelait le jeune Klephte, et dès qu'elle vit celui-ci :

— Est-ce de cette manière que tu reviens auprès de moi? tu ne cherches pas à me parler, et pourtant tu dois avoir force choses à me dire.

— Ne savez-vous pas tout ce que je pourrais vous apprendre? Hélène se marie aujourd'hui; elle est heureuse.

Le sein du Klephte fut violemment agité; une joie véhémente brilla dans les yeux de la vieille camariste; puis secouant la tête avec une sorte de tristesse mêlée de dépit :

— L'astre des Courtenai, dit-elle, se ranime; il va donc briller d'un nouvel éclat. Mais cela est-il possible? les cartes s'y opposent, et ce matin même, et tout à l'heure encore, elles prédisaient pour lui de nouvelles calamités.

— Les cartes en ont menti! repartit Georges impétueusement; car Hélène se marie, et si le chef veut la sœur, on ne la lui refusera pas.

— L'alliance serait peu glorieuse pour un Courtenai; et si elle doit avoir lieu, cela m'expliquerait des pronostics malheureux, puisque notre maison tomberait en double dérogeance.... N'importe, il vaut mieux cette humiliation que toutes celles que je prévoyais; les richesses ont maintenant une telle puissance qu'elles remplacent jusqu'à la splendeur du sang. C'est le travers de l'âge actuel; il convient de s'y soumettre.

Et Thérèse Moline soupira profondément.

Il y eut entre ces deux personnages un instant de silence. Georges, toujours chagrin et mélancolique, le rompit le premier.

— Pourvu, s'écria-t-il, qu'Hélène soit heureuse.

— Elle le sera, répondit la vieille femme; elle aime son cousin, elle vivra dans toute la splendeur de la magnificence et de la fortune; elle est jeune, vertueuse, belle; qu'a-t-elle à désirer ?

— Oh ! rien sans doute, rien, dit Georges désespéré.

Puis et après avoir réfléchi :

— Hors la santé peut-être.

— Serait-elle incommodée? demanda Moline avec intérêt.

— Depuis que vous avez quitté Paris, elle a toujours souffert.

—Souffert ! et elle se marie aujourd'hui !... C'est heureux, répliqua Moline avec une inflexion de voix particulière.

— Oui, répondit Georges; elle ne se porte

pas bien, et, pour la ramener à la santé, notre remède n'aura pas servi beauconp.

— Mon remède!!!

Et en prononçant ces mots, la camariste de la marquise regarda le Klephte fixément.

— Cette potion que vous m'aviez donnée, dit celui-ci.

— Eh bien! malheureux, est fausse.

Et l'anxiété de Moline augmenta.

— Elle l'a bue et ne s'en est pas mieux trouvée.

Un cri aigu, un cri déchirant, prolongé, affreux partit de la bouche de Thérèse Moline, dont le visage se décomposa aussitôt; son corps chancela, fléchit, et elle tomba presque inanimée sur le sable, à côté du jeune Klephte, qui la soutint dans ses bras avec une émotion égale à son épouvante. Jamais il ne put prendre sur lui de l'interroger, à tel point son instinct lui fit présager qu'il s'était passé quelque chose d'horrible. Moline cependant ne s'évanouit point, ses yeux parurent égarés, le rire de l'enfer erra sur ses lèvres verdâtres; puis, se penchant contre Georges :

— Assassin! dit-elle.

Il tressaillit.

— Oui, assassin! répliqua-t-elle; moi d'abord, toi ensuite... Nous l'avons tuée tous les deux.

— Vous êtes en délire! s'écria Georges; oh! par pitié, s'il vous reste une ombre de raison, démentez vos funestes paroles.

Et il la regarda avec effroi.

— Je les confirmerai plutôt... Les cartes.. sont-elles trompeuses?... ont-elles menti?... J'ai voulu sauver Hélène du déshonneur; car, apprends-le, Georges, l'infâme qu'elle aimait l'avait flétrie et dit qu'il ne l'épousait pas. Je la préférais morte... et elle mourra... car aucune science humaine ne combattra la vertu du poison terrible que tu lui as donné.

Moline n'avait pas prononcé ces dernières paroles que déjà le Klephte, la repoussant avec indignation, et lui-même foudroyé, mais non immobile, s'était élancé loin de ce lieu par une course rapide. La folle et coupable créature ne put le poursuivre, et dès ce moment son âme égarée ne retrouva aucune lucidité, une rage furieuse s'empara d'elle et ne la quitta que lorsque la vie eut abandonné ce corps dégradé.

Cependant le Klephte, poursuivant sa route, quitta l'enceinte du château et disparut.

Un an s'écoula, et un soir que Lucien Saint-Olben, avec ses trois amis, Charles, Théophile et Adolphe, buvaient un bol de punch en la compagnie de trois jolies femmes devant le pavillon de la Rotonde, au Palais-Royal, un enfant qui jouait avec quelques autres passa devant celui dont l'égoïsme oubliait la fin prématurée d'Hélène de Courtenai, et en même temps lui plongea dans le cœur, avec tant de force et d'adresse, un poignard aigu, qu'il expira subitement.

On poursuivit l'enfant, mais il était leste, il devança la foule ameutée après lui... Il aurait pu s'échapper ; il ne voulut aller que sur le Pont-Royal, et là il se mit à crier :

— Hélène, tu es vengée !

Puis on entendit le bruit d'un corps qui tomba dans les eaux de la Seine.

FIN.

POST-FACE.

Après avoir écrit en douze volumes l'histoire contemporaine, sous le titre de *Mémoires*, de *Souvenirs*, de *Révélations*, la fantaisie m'est venue de composer des romans. Les deux genres ne sont pas si éloignés que l'on veut bien le croire. Un bon roman, fût-il tout entier d'imagination, est l'histoire du cœur humain; et ce pauvre cœur n'a-t-il pas ses évènemens, ses combats, ses intrigues? il est bien souvent presqu'autant bouleversé qu'un empire, et sa destinée est toujours influencée par des causes secondes aussi puériles que celles appelées à changer la face des nations. Qu'y a-t-il de positivement vrai dans l'histoire? rien en ses détails. On sait que la bataille d'Austerlitz a été livrée et gagnée par l'empereur Napoléon; mais qui prouve la réalité d'une foule de récits et de propos qu'on se plaît à répéter touchant cette grande journée? Chaque plume écrit dans un sens différent. A entendre les vaincus, ils prouvent clairement qu'ils ont eu les honneurs de la victoire: chaque colonel n'a vu que son régiment, et ainsi de suite.

Le roman, au contraire, menteur dans le fait principal, est plein de réalité dans tout le reste; il montre ce qu'est l'homme, et le dépouille de son vernis du dehors; il perce sous son voile, et ceci a bien son mérite: somme totale, tant vaut le roman, s'il est bon, que l'histoire, presque toujours ennuyeuse ; et les mémoires quand ils ne sont pas amusans.

On m'a fait l'honneur de trouver que les miens valaient la peine d'être lus, ce qui a fait naturellement que dix à douze littérateurs ont voulu les avoir composés, et qu'ils s'en sont donné la gloriole. Ils eussent mieux fait, ce me semble, d'en publier de leur cru : alors on les aurait vus à l'œuvre. Au demeurant, s'il leur plaît de me rendre l'argent que m'a fait perdre mon éditeur, à qui, pourtant, j'en ai tant fait gagner, je consens à les investir du droit d'auteur, non seulement des *Mémoires d'une femme de qualité*, mais encore de tels autres qui m'appartiennent, et contre lesquels ils ont également agi en forbans littéraires.

Nous autres femmes sommes bien malheureuses ; quand nous avons de l'esprit il y a toujours un homme qui s'en empare, et auquel la malice de son sexe se plaît à le donner. On ne veut nous accorder que le droit de filer la quenouille, ou que celui d'écrire des lettres assez passablement tournées. Mais, dès qu'il y a vers et prose sur table, vite on cherche le badigeonneur. En avons-nous tant besoin? Où est celui de la toute admirable madame Tastu? qui refait les hymnes de madame Émile Girardin? qui a mis son cachet sur les pages sublimes de madame de Staël ?

Je suis toujours ébahie de la bonhomie de ces teinturiers qui font si bien pour la réputation des dames, et qui pour la leur se négligent tant. Par exemple, si j'étais maligne, je pourrais citer en preuve les écrits de plus d'un de mes vampires, et le public jugerait bien vite s'ils ont imaginé ou non mes douze volumes. Vous verrez que, chargés de la révision des épreuves, la tête leur aura tourné et qu'ils auront cru avoir fait mon œuvre. Mais qu'ils essaient de me porter un défi, celui de refaire telle ou telle partie de mes Mémoires, c'est là où je les attends; je suis prête à leur prêter le collet, bien que j'avance en âge et que je n'aie peut-être pas la verdeur de mes jeunes ans.

Je dis ceci afin de prévenir le public de la nouvelle piraterie littéraire qu'on ne manquera pas d'entreprendre, celle de dire à ses amis et connaissances : « Voici un nouveau roman d'une *femme de qualité*. »

— Eh bien!

— Il m'a coûté de la peine.

— Comment?

— Eh! mais pour le travailler en conscience....... Là, ainsi que j'ai fait ses Mémoires.

— C'est donc vous?

— Oui, moi.

— Ah! comme vous vous êtes bien déguisé!

— C'est le miracle de l'art...

Et mon homme de se pavaner, et les badauds d'aller redire que M..... est l'auteur de *la Femme du Banquier*, en 2 vol. in-8° ; et certains de le croire, et le public de se laisser duper.

Mon roman est mien, non moins que mes Mémoires. J'ai vu toutes les cours qui se sont succédées en France, et il m'a pris des remords sur la sévérité avec laquelle j'ai traité celles des deux rois de la maison de Bourbon. Ce que je vois aujourd'hui m'afflige, et, par un effet bizarre, de royaliste *libérale* que j'étais, me ramène à être royaliste *royaliste*.

Je riais des grands seigneurs accoutumés à l'être; je suis prête à pleurer de ceux qui, boutiquiers ou brailleurs de la veille, s'improvisent aujourd'hui en gens de qualité.

Bon Dieu! les plaisantes figures! qu'il y a là de ridicules à exploiter! que la mine est féconde et variée!

On vous mettra à votre tour sur la sellette, vous autres *belles madames* du comptoir ou de l'étude; vous autres, messieurs les intrigans subalternes, qui voulez nous dévorer à bouche que veux-tu; et les avocats, fiers de l'*honneur de l'ordre*, et qui font si bon marché du leur ; et ces républicains de la veille qu'une sinécure rend absolutistes du lendemain ; et ces professeurs qui veulent régenter l'Europe, comme ils n'ont pas su régenter leurs élèves ; et ces pygmées qui se croient des géans, attendu qu'entre eux ils s'en donnent le titre ; et ces enfans, hommes de l'époque actuelle, qui ont tant annoncé leur génie et qui n'ont pu encore se faire un nom demi-obscur ; et ces militaires, machines à tous sermens, non moins qu'à toutes couleurs ; et ces ventrus de la *Charte-vérité*, ayant aussi bon appétit que ceux de la Charte-modèle ; et ces pairs qui ont survécu à leur postérité, et qui, attendu leur bon appétit, ont consenti à se mutiler eux-mêmes ; et cette cour, non moins comique, non moins gaie que ses devancières ; et ces Harpagon, et ces Fleurant politiques *, qui ob-

* M. Fleurant est l'apothicaire du *Malade imaginaire* chargé de lui présenter cet instrument qui a fait, dit-on, un maréchal de France. *Note de l'Éditeur.*

tiennent les honneurs autrement que les Turenne et les Catinat; et ces hautes dames, si neuves dans leur fortune; et tout ce monde enfin, qui, naguère, riait avec tant d'hilarité des brocards dont on accablait l'ancien régime : c'est bien le moins qu'ils en aient les charges pénibles, puisqu'ils en ont les émolumens.

Le champ du roman de mœurs s'agrandit chaque jour en France; l'époque présente en est une source intarissable. Je promets d'y puiser de mon mieux, sans oublier notre dernier âge d'or, le règne de Louis XVIII. Oui, je mettrai en scène ce prince, mon bienfaiteur, mon noble appui, ce prince, dont la renommée grandira avec les siècles, et à laquelle je ne crois pas avoir nui par mes Mémoires. Je n'oublierai pas non plus la figure gigantesque de Napoléon et ses alentours brillans de cette gloire qui les sauvait du ridicule, tandis qu'aujourd'hui, où la gloire manque, le ridicule ne fait faute. Peut-être j'esquisserai quelques-unes de ces physionomies conventionnelles que nos jeunes boucs ont la sotte prétention de rappeler, parce qu'ils se vêtissent de même, ne sachant pas que, pour ressusciter Carnot et Robespierre, il faut autre chose qu'un bonnet rouge et qu'un gilet à grandes pointes. Je remonterai jusqu'à Marie-Antoinette, objet de mon amour et de mon respect. Enfin, je ne m'interdirai pas une incursion vers ces règnes de galanterie, ou leste, ou digne de Louis XV et de Louis XIV : ces sujets conviennent à ma plume. J'ai vu beaucoup la bonne compagnie : quant à la mauvaise, il faut qu'on me la décrive, à moins que je ne la rencontre... Je ne peux dire où, le respect me ferme la bouche; mais, certes, autrefois elle n'allait pas là. Tout a dégénéré : il n'y a que les listes civiles qui, plus médiocres en apparence, sont devenues mieux nourries en réalité.

Ce genre de roman plaira peut-être à ceux qui n'aiment ni les ogres, ni les bourreaux, ni les assassins, à ceux qui se contentent d'émotions douces, et qui reculent devant ce bran-de-vin littéraire que l'on sert maintenant à bouche que veux-tu. Il y en a d'assez malicieux pour prétendre que l'impuissance de plaire fait que ces messieurs se dédommagent en nous inspirant de l'horreur. Il m'a toujours paru plus facile d'épouvanter, de dégoûter, que d'arracher de douces larmes, ou des commotions délicieuses. Le chemin poursuivi par certains est pénible à parcourir pour les lecteurs qui craignent d'avoir le cauchemar tout éveillés.

Au reste, si un auteur trace une route nouvelle, dix mille l'y suivent, mettant leurs pieds où il avait les siens. Jamais il n'y a eu troupeau plus servile d'imitateurs que dans ce siècle, où chacun, lorsqu'il copie, se déclare créateur à un degré éminent. Que d'exécuteurs de hautes œuvres ont souillé de leur aspect atroce et les planchers de nos théâtres et les pages de nos romans nouveaux! Que d'adultères en scène ou en chapitres d'imprimerie! Que de folies courant les unes après les *unes*, pour parler romantiquement. Oh! la plaisante nation qui, dans son amour immodéré de la nouveauté, se contente journellement de la même pâture, qui va dans chaque théâtre retrouver le même fait avec des noms divers, et qui veut le même objet dans tout ce qui a rapport à sa parure, à ses goûts, à ses habitudes du temps. Manière étrange! Cela me prouve ce que me disait un Italien :

« La création manque aux Français; mais ils sont excellens pour le rhabillage. »

J'ai tâché de n'enlever à aucun des romanciers mes confrères son monstre, son personnage mystérieux, son marin obligé, son nègre, et surtout son érudition, que Dieu m'en préserve! J'ai une forte envie de rire chaque fois que je lis un roman composé aux dépens de Sauval, de Pigunial, de La Force, de Dulaure, et où l'on ne nous fait grâce d'aucun détail, d'aucun terme d'art, d'aucune description de lieu, d'édifice, de vêtement ou de meuble. C'est pour lui que Boileau, dont on se moque aujourd'hui, parce qu'à l'avance il a frappé les ridicules littéraires de nos jours, que Boileau, dis-je, écrivait ces vers, que l'on applique, en bâillant, à nombre de romanciers modernes :

Un auteur quelquefois....
Jamais sans l'épuiser n'abandonne un sujet :
S'il rencontre un palais, il m'en dépeint la face;
Il me promène après de terrasse en terrasse.
Ici s'offre un perron, là règne un corridor;
Là ce balcon s'enferme en un balustre d'or.
Il compte des plafonds les ronds et les ovales :
Ce ne sont que festons, ce ne sont qu'astragales.
Je saute vingt feuillets pour en trouver la fin;
Et je me sauve à peine au travers du jardin.
Fuyez de ces auteurs l'abondance stérile;
Et ne vous chargez pas d'un détail inutile :
Tout ce qu'on dit de trop est fade et rebutant.

Il faut convenir que, pour une *perruque* de première classe, comme l'est Nicolas Boileau-Despréaux, selon nos jeunes hommes, il a peint assez bien un travers un peu trop commun de l'école moderne. On s'en guérira, j'espère : nombre d'autres ont régné et ont disparu.

Ce qui ne mourra jamais, ce sera la peinture fidèle du monde, cette vérité de portraits et de caractères, ces mœurs qui appartiennent à une nature réelle, et que l'on trouve au même degré supérieur, dans Le Sage, dans Richardson, dans madame Riccoboni, et de nos jours dans Walter Scott; il n'y a là ni travail péniblement manœuvré, ni prétention de forme, de couleur, de style; on ne court pas après l'esprit d'un mot, la combinaison hideuse d'une petite horreur; on ne cherche pas surtout à inspirer du dégoût et des soulèvemens de cœurs, mais à plaire, à parler à l'âme par des aperçus ingénieux ou noblement pathétiques. Le grimacement n'y tient pas la place de la gaîté, et on n'y a pas introduit le hideux grotesque pour tenir lieu de la plaisanterie franche que l'on rencontre rarement, même lorsqu'on se place avec modestie à la tête de la nouvelle école.

C'est encore un type de l'ère moderne que cette impulsion à travailler de sa propre main la réputation que d'autres pourraient nous faire plus dignement. Oh! qu'un autre *Diable boiteux* nous amuserait! qui, conduisant le public à la porte de chaque journal, lui désignerait de la bouche et du doigt tous les auteurs porteurs de leur éloge sur tous les tons; et, ne variant jamais la forme, il lui dirait : « Celui qu'une initiale A ou B proclame le premier romancier de la semaine est un honnête garçon sans aucun talent, mais qui, sous le nom d'un ami, a fait l'analyse hyperbolique de son œuvre; ce second va de bureau en bureau demander des louanges d'un ton dont un pauvre dans la rue sollicite une aumône; ce troisième paie l'écrivain impartial; ce quatrième lui donne à dîner; tel encore se sert de son influence politique, de sa position dans le monde. Enfin, je ne crains pas d'avancer, et un honnête homme ne me démentira point, que, sur cent articles qui élèvent au sommet de la littérature un romancier, quel qu'il soit, il y en a cent dans lesquels on signalera la cause occulte de l'encensement ridicule. Mais, en revanche, qui demeure à l'écart est ou baffoué ou laissé dans le silence.

La littérature n'est plus qu'une maison de commerce où les intrigans font une fortune apparente et où se ruinent ceux qui se reposent du débit sur la valeur de la marchandise.

Je pourrais sur ce point faire des révélations étranges. Peut-être même un jour en conterai-je quelque chose, si, lasse de m'occuper de la cour, je viens à parler de la ville. En attendant, j'offre mon livre avec ses défauts, espérant que la vérité de quelque peinture lui fera trouver grâce devant ceux qui aiment la simplicité. J'aurai du moins le mérite d'offrir une esquisse exacte de ce qui a lieu dans un certain monde. Je ne me servirai pas de couleurs fausses, de pinceaux menteurs ou exagérés. Je n'ai pas non plus composé une satire. Mes personnages ne sont ni M. un tel, ni madame une telle. La preuve en sera bientôt donnée, car il y aura impossibilité à décider quels modèles j'ai eus en vue. Et, bien que de ma promotion j'aie fait entrer les Saint-Olben dans un ministère, on ne reconnaîtra dans cette famille aucune des Excellences qui s'y succèdent si rapidement. Quant aux Courtenai, la race en est éteinte : sans cela, je n'aurais pas pris la liberté de me servir de ce nom illustre.

Mais si la malignité ne trouve pas mes portraits frappans de ressemblance au point de mettre le nom de l'original au-dessous, elle se dédommagera par des saillies que l'époque justifie. Elle est inépuisable cette époque de fausseté, de fourberie, d'avidité; elle est inépuisable, dis-je, en tout ce qui fournit des matières à la plume de l'écrivain observateur. Je n'ai soulevé encore qu'un coin du voile dont elle se couvre; j'essaierai un peu plus tard de faire mieux.

Aujourd'hui il ne me reste qu'à prendre congé de mes lecteurs, et à leur demander quelque indulgence pour le début de la *Femme de qualité* dans la carrière du roman.

Comtesse O..... du .....

Paris, ce 5 mai 1832, anniversaire de la mort d'un grand homme dont le génie, n'animant point l'esprit du prophète Élie, ne s'est reposé ni sur ses compagnons de gloire, ni sur ses frères les souverains.

TABLE.

www.ingramcontent.com/pod-product-compliance
Lightning Source LLC
LaVergne TN
LVHW020553110826
845149LV00002B/258

* 9 7 8 2 0 1 1 8 7 5 9 8 3 *